本気の経営者のための――

「10倍儲かる看板商品」が立ち上がる

マグネット展示会営業戦略

村松勝・吉田隆太 著

セルバ出版

はじめに

「自社商品を売るために展示会に出たことがあるが、まったく成果がなかった」

「初めて展示会に出展しようと思うが、どう進めたらよいかわからずとても不安だ」

「販路開拓や顧客獲得の仕組みがなく、先行きが見通せない」

あなたは、このような悩みを抱えていないだろうか。


本書は、「10倍儲かる看板商品」をつくって売れるようにしたいと考えている、本気の経営者に向けて書いた書籍である。

そしてその特徴は、展示会をうまく活用して顧客開拓を行い、売上を爆上げしていくような仕組みづくりについて書き上げたものである。

この仕組みづくりを、本書では「マグネット展示会営業戦略」と名づけ、展示会プロモーションのノウハウとして、初めて世の中に公開する。

このノウハウは、これまで中小企業向けに、17年間で３００社以上のコンサルティングを行ってきた当社が、体系化したものである。

巷に溢れる類書との大きな違いは、展示会出展の手法にとどまらずに、そこで、何を自社の看板商品として打ち出していくべきかについて触れている点である。

この点をおろそかにしては、いくら展示会出展方法について詳しく述べ、それを実践しても、最終的な売上には結びつかない。

中小企業が営業を成功させ、大きく売上を上げていくためには、まず、自社の看板商品を追求することが何よりも重要である。

これは経営の生命線と言ってもいい。


さらに、自社の看板商品をもって展示会出展をする際にも、相応の準備をしないと、うまくいかない。

多くの企業が展示会出展で失敗しているのを見るにつけ、何の準備もせず、武器も持たずに、ただ安易に展示会に出展している企業が多いことに、いつも、とても驚く。

展示会を1つの演劇の舞台と捉えれば、舞台の装飾や演出、そもそも舞台で演ずる作品内容、そして演劇するための脚本などすべてが、わざわざ観劇にやってくるお客様にとって大事なことであることは、容易に想像できるだろう。

しかし、こと展示会に至っては、そのような考えもなしに、漫然と出展している。

果たして、それで望むような成果が得られるのだろうか、はなはだ疑問である。

本気で「10倍儲かる看板商品」をつくって売れるようにしたいと考えている経営者にとって、展示会を上手に運用できると、驚くほどの成果につながる。

いずれにせよ、本書は、展示会営業のみならず、新商品開発や新しい事業の柱となる収益商品の検討、また、営業で悩まれている社長など、多くの会社にとって参考にしていただける内容であると自負している。

なお、執筆にあたっては、クライアントの守秘義務を守るために、具体的な会社名や商品名など、企業を特定できる表記を避けている点はご考慮いただきたい。

本書が、貴社の成長発展につながれば幸いである。

2024年5月

株式会社ミスターマーケティング
村松　勝
吉田　隆太

本気の経営者のための――

「10倍儲かる看板商品」が立ち上がるマグネット展示会営業戦略　目次

第2章　「マグネット展示会営業戦略」で大躍進したS社、T社の秘密

第3章　展示会で成果が出ない会社に共通する5つのこと

第4章　看板商品を成功させる「マグネット展示会営業戦略」の進め方

第5章　自動的に見込客を集め、大きな収益に変えていく仕組みのつくり方

第6章　展示会出展から驚くほどの事業拡大を目指そう！

第1章

10倍儲けたいなら看板商品×マグネット法で勝負しろ！

自社の看板商品を立ち上げよう

本書は、売上、利益をより上げることができる、自社の新しい看板商品、看板サービス、看板事業を、本気で成功させたいと考える中小企業経営者のために、その具体的実務と戦略について書いた専門の書である。

また、本書の特徴は、見込客がドンドン吸い寄せられる独自の展示会開催法を、タイトルにもあるように、「マグネット展示会営業戦略」と名付け、初めて紹介することである。

この「マグネット展示会営業戦略」は、他の展示会出展のためのマニュアル本などの類書とは大きく異なる。

いかにして中小企業が、展示会を活用して、本気で10倍儲かる自社の看板商品を立ち上げられるかに特化して解き明かしていくものである。

さて、当社は、これまでにおよそ17年で３００社以上の中小企業と関わり、事業の柱となる、新しい売上を生み出す目的でコンサルティングを行ってきた。

このコンサルティングのことを、当社では「カテゴリーキラーづくりコンサルティング」と呼んでいる。

「カテゴリーキラー」とは、「競合他社を圧倒する差別化された強い商品・サービス・事業」と定義づけている。

そして、自社の看板商品こそが、当社で言うところの「カテゴリーキラー」である。

当社の対象とする中小企業の企業規模としては、小さな企業だと年商で数千万円から、中心が5億円から10億円、20億円あたりの企業までで、大きな企業だと50億円、１００億円を超えるようなところもある。

そのおよそ半分がＢｔｏＢ(Business to Business：会社対会社取引)を行っている企業で、残りの半分が、ＢｔｏＣ（Business to Consumer：会社対消費者取引）を行っている。

それらの企業に対して、次の新しい売上を生み出すお手伝いをしてきたのだが、成果としては、平均的に2～3年の期間で、２億円から10億円ほどの新しい売上を生み出している。

経営者、共通の悩み

当社に寄せられる主な中小企業経営者の悩みとは、次のようなものである。

「新商品・新サービスを企画したいのだが、どのように企画を進めていったらよいかわからない」

「新しい収益を生み出す新規事業を立ち上げたい」

「既存事業が、右肩下がりで厳しくなってきたので、もう一度再生させたい」

「価格競争が年々厳しくなり、粗利益率が低下しているので、脱却したい」

「商品やサービス、事業のブランディングをして自社の価値を高めていきたい」

「法人の新規開拓を行えるような仕組みをつくっていきたい」

「会社経営の中で、次の打つべき一手をどうするか検討したい」

「マーケティングに強い組織をつくりたい」

これらの悩みは、多くの中小企業経営者が持つ共通の悩みでもあるのだが、中小企業といっても、さまざまな業種、業界がある。

そこで本書は、基本的に法人営業を行っている企業を対象としている。

例えば、一般消費者向けに商品を開発している企業であっても、自社と一般消費者との間に、卸売業や小売業が介在する場合には、それは法人営業であるため本書の対象である。

また業務用で取り扱う製品やサービス、例えば、ＩＴ企業も、一般消費者に販売せずに企業に販売しているのであれば、法人営業を行っていることになるし、もちろん生産財と呼ばれる何かの部品や資材などを扱っている製造業も、本書の対象に含む。

つまり、ＢｔｏＢ（Business to Business：会社対会社取引）もしくはＢｔｏＢｔｏＣ（Business to Business to Consumer：会社対会社対消費者取引）において、最初のＢに位置づけられる企業が主な対象である。

そのため、一般消費者向けの商品をウェブサイトで通信販売するＥＣ（Electric Commerce：電子商取引）ビジネスや、一般消費者向けのサービスを提供する店舗業、一般消費者向けに高額商品、例えば住宅、保険、自動車などを営業マンが販売する会社は、本書の対象読者とはなりづらい。

その理由は、一般的に合同展示会は、法人顧客を来場者として想定して開催されるものが多く、その法人顧客を見込客として獲得したいと考える企業を念頭に、本書は執筆されたものだからである。

中小企業が直面する経営課題

ところで、現在のあなたの経営課題は何だろうか？

人材の採用や育成だろうか？

売上・利益を上げることだろうか？

または、資金繰りだろうか？

中小企業経営者の悩みというものは、多くの場合は、ヒト、モノ、カネの３つに集約される。

この他にも、事業承継などの問題も近年、中小企業でも大きな課題である。

これは後継者の確保や、事業譲渡にしても、儲かっている事業かどうかで、売却先が見つかるかどうかもあるため、ヒト、モノ、カネという悩みの複合的なものでもあったりする。

少々古いデータではあるが、２０２０年度版の中小企業白書によれば、中小企業の規模や業種を問わず、自社が直面する、重要だと考えられる経営課題は、

「人材（人材の確保・育成、後継者の育成・決定）」と、

「営業・販路開拓（営業力・販売力の維持強化、国内の新規顧客・販路の開拓、海外の新規顧客・販路の開拓）」

と回答する者の割合が6割を超えている、とある。

そして、この2つが中小企業の経営課題の1位、2位を占める。

前者の人材についての経営課題は、具体的に、昨今の人材不足問題や働き方改革、そして団塊世代経営者の引退に伴う事業承継問題などが挙げられるだろう。

そして後者の営業・販路開拓の経営課題については、当たり前のことだが売上に直結する。

つまり、「営業・販路開拓」ができなければ、それは企業としての死を意味する。

そのためにも経営者は、常に「営業・販路開拓」のことを考えなければならないし、それが経営者としての仕事でもある。

法人の販路開拓に展示会がよい理由とは

さて「営業・販路開拓」でも、様々なプロモーション手法が考えられる。

その中でも、ＢｔｏＢ向けに法人営業を行う企業にとって、展示会出展がよい理由は何だろうか？

例えば、プロモーション手法には、インターネット広告やＳＮＳなどを始めとして、テレアポ、ＤＭ、飛び込み営業、などが挙げられるだろう。

とりわけインターネットの活用は、誰しもが考える。

インターネット広告を出稿したり、ＳＥＯ対策を行ったり、ブログなどのコンテンツを積み上げたりして、自社のホームページに呼び込み、そこから何かしらのコンテンツや情報などを読ませて、できれば問い合わせ、もしくはコンテンツをダウンロードさせたりする。

それらの導線も大切ではあるものの、実際に顧客と出会えるまでに、ずいぶんと時間がかかる。

また、テレアポを実施している企業もあるだろう。

しかし、テレアポ専門企業にテレアポを外注してやってもらうならまだしも、いざ自社の社員にテレアポをやらせると、多くの場合、先方の企業から心ないことを言われたりして、中には心が折れてしまう者も出てくる。最悪のケースでは、退職してしまう場合もある。

さらに、飛び込み営業をやらせている企業の営業社員にとって、テレアポよりも飛び込み営業は、もっとキツいと感じる者もいるだろう。

もちろん、それらの手法を否定しているわけではなく、その企業にあったやり方を考えていくことが大切であるということだ。成果につながればよいというだけではなく、社員の疲弊なども考えると、やらせる経営者側も十分に考えないといけない。

ましてや中小企業にとって、人材採用が困難な時代である。

社員に、兵隊よろしく突撃させて、ほとんどが討ち死に合い、心が折れ、疲弊し、退職してしまうことにつながるようであれば、企業にとって大きな損失である。

そのため今いる社員を大切にしながら、有効な手立てを考えることこそが、経営者の仕事でもある。

いずれにせよ、見込客とリアルに接触し、営業行為ができるかどうかが、ＢｔｏＢビジネスで鍵なのだとすれば、いかにして効率よくリアルの接点を持てるかが重要である。

このように考えると、展示会出展は、見込客とのリアルな接点が準備されているプロモーション手法であると考えられる。

これが、ＢｔｏＢビジネスにおいて、展示会出展がよい理由である。

コロナ禍になって、展示会市場自体も縮小し、だいぶ出展社も減ってしまっていたが、コロナが落ち着いてきた中で、展示会市場も、盛り上がりを見せている。

法人企業の開拓をもくろむ経営者にとって、展示会出展という選択肢は、プロモーション手法の１つとして大きな可能性がある。

そして問題は、その展示会出展のプロモーション手法の設計とやり方、というわけだ。

ここを間違えれば、どれだけお金と時間をかけても成果につながらない。

多くの中小企業が展示会出展で失敗する

法人を対象とした多くの中小企業が展示会に出展しているが、その大半が失敗しているように見受けられる。

それらの企業は、展示会に出展しさえすれば、見込客が獲得できると考えている。

しかし、展示会が終わってみれば、ほとんど名刺が集まらなかった、また集まっても、ほとんど顧客となるような企業ではなかった、と悩んでいる経営者は多い。

その理由はまた追々伝えていきたいと思うが、ある業務用の設備機器を扱っていたK社も、これまでの展示会がうまくいっていない1社だった。

K社の本業は順調に成長していたのだが、およそ5年前に立ち上げた新規事業があまりうまくいっていなかった。

K社のK社長との出会いは、当社が定期開催しているセミナーだった。

その後、個別相談の依頼があり、当社までお越しいただいて、次のように話してくれた。

「これから伸びていく市場において新規事業を立ち上げ、その1つの商材として、ある設備機器を、法人企業を中心に卸していくビジネスを始めています。

2年前から、当社が所属している業界団体が主催する展示会に出展してきましたが、結果は散々なものです。

もともと、業界団体とのお付き合いで出展しているということもあり、結果については、あまり気にしていません。

私自身は、あきらめないで続けていくことが大事だと思っております。

しかし、3年目の出展ともなると、正直、少しは結果に結びつかないと、本業で働いている社員の目もあり、何とかしていきたいと思っています。

そこで、今度出展する予定の展示会ブース案が、展示会ブースを企画制作する会社から上がってきましたので、もしよろしければ、見ていただけますか?」

そのブース案を見せていただくと、「あーこれではうまくいかないな」と声に出さずとも心の中で、つぶやいた。

また、ひと言に結果と言っても、経営者が求めているレベルが人によって違う。念のため、前回の出展時の成果を聞いてみたところ、驚きの結果だった。

K社長曰く、

「昨年出展した展示会では、新規で獲得できた名刺は、数枚程度です。あとは、業界で顔見知りの方が、挨拶に来られます。他の出展社には業界の知り合いが多いので、私自身は挨拶回りをしたりして、何かと忙しく動いていますが、参加している社員は、暇を持て余しています。

社員は、ただ突っ立っていても仕方がありませんので、チラシを持たせ、近くを歩く来場者に声をかけさせて、ブースへ立ち寄ってもらえるようにと伝えていますが、足早に立ち去っていく方がほとんどですね」

また、展示会予算として、どのぐらいか尋ねると、

「およそ200万円ぐらいです。出展するブースのコマの費用が2コマですので、およそ80万円、そして、ブースの装飾費用に、100万円程度、あとは、備品やら何やらがかかります。

ただ、4日間ある展示会に参加している社員の給料などの費用は、その200万円に入っていませんので、実際には、もっとかかっているのでしょうが、給料は固定費ですので、200万円は純粋なプロモーション費用としての金額です」

展示会は小手先でうまくいくほど簡単ではない

ここまで聞くと、2年も展示会の費用を無駄にしてしまったK社長の経営手腕に疑問を持たれる方も多いかもしれない。

しかし、K社長は三代目の経営者として就任して以来、利益を継続的に生み出せるように、本業を構造的に立て直してきた立役者である。

生まれがサラブレッドのようなスマートさを持ちつつも、押しの強さも忘れない、力強さのある非常に優秀な経営者である。

しかし、そのような優秀な経営者であっても、なかなかうまくいかないこともある。

特に新規事業の場合、本業で経営手腕を発揮していても、それほど簡単に成功するわけではない。

ただ、本業がうまくいっている間に、次の仕掛けを行っていくことは、経営者として大切なことである。

そのため、K社長自身、何とかこの事業を成功に導きたいと思っていた。

その3年目の展示会の出展日も迫っていたため、正直、当社でも、簡単なアドバイスしかできなかった。

小手先と言ってしまえばそれまでだが、もう少し根本的なところから準備していかないと、展示会1つとっても成功しない。

そしてK社長からは、

「これ以上、失敗を重ねるわけにはいきません。来年の展示会準備に向けて、ぜひ、コンサルティングをお願いできないでしょうか？」

と依頼があった。

そうして、コンサルティングを実施することになった。

K社における新規事業が失敗できない理由

前述したように、K社が直近に行う3年目の展示会においては、当社も当日のオペレーションなど、今からでもできることをアドバイスして、実際には、次年度の4年目に行う、同じ展示会に向けて、コンサルティングがスタートした。

期間は1年間である。

展示会に出展するだけのことを考えれば、おそらく、それほどの期間を準備期間として設けることは、早く成果につなげたい経営者からすれば、待っていられないと感じるだろう。ただでさえ、人件費を始めとした固定費が毎月出ていくのだ。

しかし、K社長のスタンスは違った。

この新規事業には並々ならぬ熱意があった。

その理由は、これまでの本業のイメージから、次の段階に向けたステージアップを考えていたからだ。

そのために、数年前に企業のブランディングを行い、企業理念やビジョンの策定、企業のロゴマークなども刷新していたことからも、その熱意がうかがえた。

そして、それ以上に力を入れていたことが、企業のブランディングを行った年から始めた新入社員の採用だった。

入ってきた新入社員は、Ｋ社長のカリスマ的な魅力に加えて、企業理念やビジョンに共感して入社した、優秀な人材ばかりであった。

また、その新規事業には、本業で活躍していた数名の中堅社員を筆頭に、何人かの新入社員も配属されており、心新たに、新しい事業に挑戦していくという企業姿勢を、全社に発信していく旗印としても、大きな意味があった。

そのため、既存社員からの、新規事業に対する少々冷めた視線や、新入社員からの期待も裏切れないといったことを考えると、Ｋ社長としても、この新規事業を失敗するわけにはいかなかった。

なぜ、ひと目見ただけでうまくいかないと思ったのか

ところで、K社長が持ってきた3年目の展示会ブース案を見て、「あーこれではうまくいかないな」と声に出さずとも心の中で、つぶやいた、と前述したが、うまくいかないと思った理由は、そのブース案が、うまくいかない典型的なものだったからである。

どういうことかというと、おしゃれにかっこよくデザインはされているものの、展示会ブースの上部看板には、会社のロゴと社名が大きく表記されているだけのブース案だったのだ。

それの何が悪いのか、と思われる方もいるだろう。

多くの会社が、会社名を大きく表示している。

展示会主催者（展示会を主催して、出展社を募る一方で、来場してもらう企業を集める

ことも行う会社）からは、上部の看板に会社名を掲載してください、と言われる。

もちろん、展示会主催者の規定に従って、会社名を明示しておく必要はあるが、その文字の大小や、また会社名以外に何かを掲載してはいけないという決まりがなかったりもする（規定については、展示会ブース制作前に、展示会主催者側に確認のこと）。


ところで、あなたの会社名は、どのぐらいの知名度があるだろうか？

業界内では、それなりに有名な会社かもしれない。そのため業界内に属する仲間の企業や、競合などの同業者は、知っているかもしれない。

しかし、展示会で新しい見込客を発掘しようと思っているときに、基本的に業界内ですでに知ってもらっている企業ばかりにアピールしても、成果につながらないことが多い。

つまり、いくら会社名だけを掲げても、自社のことを知らない会社は立ち寄ろうと思わないのである。


では、大企業で知名度がある場合はどうか？

ほとんどの来場者が知っているような企業名の場合は、効果があるのか？

もちろん知らないよりは知っている企業のほうが、心理的には身近に感じるため、その企業に興味があれば立ち寄るだろう。

しかし、大企業であっても、会社名やロゴだけを掲げているだけでは不十分であることもある。


私自身が、様々な展示会を訪問する中で、誰もが知っているような大企業と言えども、閑散としているブースを幾度となく見てきた。

ましてや中小企業は、まずその会社名を知られていない。

そのように考えていくと、大企業が会社名やロゴマークなどを大きく掲げているからと言って、同じように真似しても、ますます効果は出ない。


よって、自分の会社は誰にも知られていない、ということから展示会ブースづくりはスタートする必要があるということだ。

K社長が持ってきた、その展示会ブース案も、ほとんどの中小企業が間違えるように、大きく会社のロゴマークと社名を掲げているだけのものだった。

残念ながら、それでは期待しているほど集客はできないし、過去の実績がすでに物語っている。

展示会ブース施工会社にブースづくりを丸投げするな

K社の、明らかにうまくいかない展示会ブースのデザイン案が、展示会ブース施工会社から上がってきたのには理由がある。

それは、どんな目的で、誰のどんなニーズに、何を訴求するかが明確でないまま、展示会ブースのデザインを依頼してしまっているからだ。

つまり、展示会ブース施工会社にデザイン案を丸投げしてしまっているからである。

多くの企業が、何となく展示会ブース施工会社に、展示会ブースの内容をフワッと伝えて依頼する。

そうすると、展示会ブース施工会社からは、フワッとしたデザイン案があがってくるのだが、頼んでいる企業のほうも、そもそも展示会ブースがどんな目的で、誰のどんなニーズに、何を訴求するかが明確でないので、そのデザイン案のよし悪しが判断できず、なんとなくよさそうなデザイン案に決めてしまう。

結局、何も伝わらない展示会ブースができあがるので、来場者に伝わらない、つまり集客できないブースができあがる。

展示会ブース施工会社も、その多くが、言われたものを言われたとおりにデザインしていく。

その展示会ブースがどんな目的で、誰のどんなニーズに、何を訴求するかを明確にしないまま、作業として請け負い、あとは、デザイン案が決まれば、展示会ブースの施工に突き進んでいくのだ。

中小企業において、展示会ブースに大きな予算をかけて出展し、さらに施工するところは、そう多くはない。

出展するといっても、1コマや2コマ程度のスペースが多いだろう。

そして、スペースに比例して、展示会ブースにかける予算もおおよそ決まるので、少ないスペースであれば、予算も低くなる。

そのため、何が起きるかというと、展示会ブース施工会社は売上を上げるために、いかに多くの展示会ブースを施工するかの数の勝負になる。

基本的には、展示会ブース施工会社が、展示会ブースの施工をするとき、ブースの材料費と、材料の搬入や、ブースを施工する人工（にんく：人件費のこと）などが主たる費用となる。

展示会ブースの打ち合わせを行う営業マンも人工の1人であると考えれば、できるだけ打ち合わせ回数は少なく、効率的に展示会ブースデザインを決定したい。

このように考えれば、基本的に、低予算でブースをつくりたいと考える依頼者側の企業に対して、展示会ブース施工会社からすれば、どんな目的で、誰のどんなニーズに、何を訴求するかを明確にし、展示会ブースのデザインをいくつも考え提案していくことは土台無理だということを、経営者の立場からすれば、わかることだ。

そのため、依頼する企業側で、できるだけ展示会ブースの方向性を考えてから、展示会ブース施工会社に依頼しなければ、少なくとも、展示会の来場者に伝わるブースにならないことは、自明の理なのではないか。

展示会出展に、あらゆる手を尽くしたか

さて、これまで何度か展示会出展してみたものの効果が出ないと、展示会出展そのもののプロモーション手法に疑問を抱き始める。

「これ以上、展示会に出展しても意味がない……」

そのようにして諦めてしまうケースも多々あるだろう。

もちろん展示会出展が、ＢｔｏＢビジネスにおける唯一のプロモーション手法ではない。インターネット広告やＳＮＳなどを始めとして、テレアポ、ＤＭ、飛び込み営業、など、様々な手法がある。

そのため、展示会出展にこだわらず、幅広く、プロモーション手法の検討を行い、その全体感を設計した上で、顧客獲得に向けた一番可能性の高いプロモーションから手掛けていくことは賢明である。

ただ、色々なプロモーション手法を試みるときに、果たして、その中の1つでも、あら

ゆる手を尽くし、効果検証を行い、その上で、そのプロモーション手法は効果があるかないかを見極めているだろうか？

ほとんどの場合、例えば、郵送によるＤＭやインターネット広告なども、１、２回実施してみて、反応がなければ、このビジネスでは郵送ＤＭは効果がない、などと決めつけてしまい、あまり深掘りせずに、その他のプロモーションに目が移ってしまうだろう。

しかし、よく考えてみてほしいことは、例えば、展示会出展において効果がないと判断しても、一定の企業がその展示会には出展している。

そして中には、毎年のように同じ展示会に出展している会社もあるし、毎月のように、その企業の製品が活かせそうな業界の展示会に出展する企業もある。

展示会出展を何度も繰り返している企業は、成果が出ないのに、ただいたずらに出展して、経費を垂れ流しているのだろうか？

いや、そうではない。

その企業が求めるだけの、ある程度の成果を出せているから、繰り返し出展しているのである。

このように考えれば、展示会出展というプロモーション手法に問題があるのではなく、そもそも展示会出展の内容や中身、そしてやり方などが問題である可能性が高い。

つまり、大して深掘りもせずに、やりきってもいないのに、その手法自体を否定してしまうのは安易である、ということである。


展示会に出展しても成果につながらないという理由はいくつもあるが、中には、ある展示会に出展しても、ターゲットがずれていたがゆえに、まったく反響がなかった、なんていうこともある。

つまり、そもそも誰の、どんなニーズに、何を提供できるのか、ということが根本的に設計されていないと成果につながらない。


また展示会当日のオペレーションなどの細かい積み上げも非常に大事である。

だからこそ、ただ出展すれば、見込客がどんどん集まる、というような妄想じみた期待を胸に抱いても、ほとんどの場合、見事にその期待を裏切られるのは、それらのような設計や積み上げを行っていないからである。

そして、その設計もオペレーションも、どんな企業でも押さえておくべきポイントは基本的には同じである。

そこに当社のノウハウもあるのだが、それ以上に重要なことは次の2点である。

●それぞれの企業ごとで、独自に打ち出すべきこと、つまり、自社の看板商品となりえるものを考えること

●展示会の出展企業の中でも、来場者にアピールできるような、新しいカテゴリーの商品、差別化された商品だと感じられる、展示会ブースになっていること

その上で、当日のオペレーションにおいても、展示会ブースに立つ社員は、その打ち出す内容に沿って、どんな目的のために、どのように行動すべきか、また、どんな情報を獲得すべきか、などを考えて展示会に向けて準備しなければ、成果にはつながらないことを前もって理解していただきたい。

ここで、展示会でよくある失敗するパターンをお伝えしておきたい。

☑ 来場者にとって、何の展示会ブースかがわかりづらい。

☑来場者の名刺を獲得するための、導線やオペレーションが確立できていない。
☑そもそも展示会ブースで、何を「売り」にしたいかが明確になっていない。
☑展示会終了後のフォローがしっかりとできていない。
☑展示会ブースのスタッフは、見込客を獲得しようという意識が薄く、やる気がない。
などなど、もっと色々あるが、大まかなところで言うと、このあたりが挙げられる。


K社に関して言えば、唯一、展示会ブースの担当者はやる気に満ちあふれていたのは救いだった。

ただ残念ながら、これまで有効なやり方がわからないまま、展示会ブース施工会社からあがってきた展示会ブース案を採用し、展示会当日には、前を通り過ぎる来場者に一生懸命声がけを行うだけだった。

つまり、前述した、よくある失敗するパターンのどれもを、やってしまっていたのだ。

これらの失敗パターンを踏まえて、ゼロベースで展示会営業戦略を組み立てなければ、成功はおぼつかない。


このような様々な留意点を踏まえて、K社と一緒に、展示会に向けて準備を行った。

来場者であふれる展示会ブース

K社において、およそ1年の準備期間を経て、展示会当日を迎えた。

果たして、来場者はK社のブースに立ち寄るのか？　来場者の名刺はしっかりと獲得できるのか？　K社の展示会ブースが来場者であふれて盛り上がるのか？

K社については、ベテランスタッフも少なく、気がかりだったため、4日間ある展示会初日のお昼頃、他のコンサルティングの合間に都合を付け、展示会の様子を見に行った。

最初は、K社の展示会ブースを遠巻きに眺める。

掲げたキャッチコピーなどは目に入るか、スタッフは看板などの前に立って邪魔をしていないか、そして、もちろん来場者はブースに立ち寄っているか。

少し近づくと、コンサルティングに参加していた入社3年目のスタッフが、嬉しそうに近寄ってきた。

「先生、どんどんお客さんが入ってきますよ！　手が足らないくらいです」

そうしているうちに、お客様が、興味津々にブースの前に立って眺めている。

「じゃあ、先生、お客様対応してきますね！」

と言って、元気よくそのお客様に駆け寄っていった。


我々もブースに出入りしながら、様子を見守っていたところ、K社長がやってきた。

「あ、先生、お待たせ致しました。今、業界の関係者に挨拶回りしていたところです。いやー、おかげさまで、新しいお客さんが次々に立ち寄ってくれていますね。スタッフも対応に追われていて、先ほど、本社に応援を要請したところです。名刺交換もスムーズに行えて、これでアポも取れるので営業にもつながります。まだ始まったばかりなので、これからわかりませんが、例年に比べると、まったく違った出足です。

私も、社員と一緒に、できる限り、お客様の対応をしたいと思っています」

と話してくれた。


しばらくしてから会場を後にして、まずは、お客様が立ち寄ってくれている様子を見てホッとした。

展示会からの成果

展示会の会期は４日間あり、全日程の集計結果がわかるのは週末になる。

そして、週明けの月曜日に報告があった。

最終獲得名刺数は、４００枚を超えた。

１日あたり１００枚と考えれば、常時、ブースは来場者で賑わい、スタッフも休むことなく、お客様対応に追われていたと思われる。

その展示会で、見込客の名刺を４００枚手に入れた後、およそ2年間のフォロー期間で、約10％にあたる40件が顧客となった。

さらに、１年目から数千万円の売上が立ち、前年の10倍どころか、それ以上の満足できる結果につながった。

このような成果につながっていくうちに、K社内でこの新規事業を批判的に見ていた社員も、見方が変わり、社内の雰囲気も和らいでいった。

K社長からすれば、自分で言い出したこの新規事業を、絶対に失敗させるわけにはいかなかった。

投資してきた費用を失ってしまうことよりも、社員からの信頼を失うことのほうが、辛いのだ。

経営者の中には、そのプレッシャーを避けるために、新規事業を部下に丸投げして、責任を回避するような人もいる。

しかし中小企業において、経営者自らが新規事業に本気で取り組む意志がないと、多くの場合うまくいかない。

そもそも新規事業が成功する確率は、ある程度安定している本業で何かの施策を講じるのと比べれば、明らかに低い。

それでも企業は挑戦し続けない限り、現状維持は、衰退の道を歩むことになる。

だからこそ、何が何でもまず小さな成功を勝ち取っていくことが重要だ。

Ｋ社長もまた、そのプレッシャーに打ち勝って、社員からの求心力を高めていくことができたのだ。

展示会はしっかりと準備して実行すれば成果につながる。

ただ重要なことは、展示会ありきではなく、もともと自社の販売していきたい商品やサービス、技術を、自社の売上、利益を上げるための看板商品として、カテゴリーキラーにしていくことである。

この看板商品は、何も、新しい商品やサービスである必要はない。

これまで販売してきた既存の商品やサービス、技術をピカピカに磨き上げて、新たな看板商品として、つまりカテゴリーキラーとして再生させていった企業をたくさん手掛けてきた。

ＢｔｏＢビジネスにおいて、法人企業に対し、その看板商品のお披露目の場として一番ふさわしいプロモーション手法が、展示会である。

そして、競合他社にはない新しいカテゴリーや差別化を感じさせるための、魅力的な展示会ブースや訴求方法を考えていくことが重要である。

本書の冒頭でもお伝えしたように、展示会を1つの演劇の舞台と捉えれば、舞台の装飾や演出、そもそも舞台で演ずる作品内容、そして演劇のための脚本などすべてが、舞台へ来場するお客様にとって大事なことであることは、容易に想像できるだろう。

舞台の装飾とは、すなわち展示会ブースデザインである。

演出は、展示会ブースに来場者を立ち寄らせるための仕掛けと考えてもよい。

また、舞台の作品内容そのものは、その企業の看板商品であり、当社で言うところのカテゴリーキラーである。

さらに、演劇のための脚本とは、展示会ブースで接客するスタッフのトークスクリプト（会話の台本）である。

そのように考えて展示会を準備しなければ、とうてい望むような成果につながらないことは明白である。

では次章で、さらに2社の具体的実例についてお伝えしていきたい。

具体的な取り組みを見ていただくことで、展示会に向けた準備から、展示会後のフォローまでの一連の流れを組み立てることの重要性を理解していただけるだろう。

第2章

「マグネット展示会営業戦略」で大躍進したS社、T社の秘密

1つの販路に依存してしまう会社は、本当に危ない

第2章では、いくつかの具体的実例を通して、展示会出展で成功していった取り組みを見ていくこととしよう。

S社との出会いは、ある経営者団体に依頼を受けて行った、当社の講演会だった。講演会が終了すると、S社の社長が駆け寄ってきて、一度、ご相談に伺いたいと切り出された。

後日、S社長が来社され、詳しく事情を聞くこととなった。

「現在、従業員は80名ほどの会社です。

2つの事業部がありまして、そのうちの1つの事業をご相談したいと思います。

その事業部は、法人向けに情報サービスを提供しております。

営業マンは20名ほどおりまして、中でも5名がトップ営業マンとして活躍しております。

実は、先日、営業の中堅どころが、一斉に5名ほど退社したんです。

その結果、トップ営業マンが5名のほか、残りの15名は、入社3年未満の新人が多く、法人に対しての営業を1人でできるほど、まだ力が付いておりません。

売上を上げていくためには、トップ営業マンが顧客対応にかかりきりになります。

そのため、新人営業マンに対する教育があまり行き届いておりません。

当社は、ご存じの通りグループ企業の子会社ですので、当社の顧客のほとんどが、その親会社の顧客紹介で成り立っています。


正直、新規での開拓をほとんどせずとも、それなりに顧客獲得はできておりますが、親会社からの紹介ということで、親会社にもお客様にも迷惑をかけるわけにはいきませんから、その顧客対応については、トップ営業マンが行うことになります。

そうなると、なおさら新人の営業マンが置き去りになり、彼らの営業機会が著しく限られた状況なのです。

そもそも、親会社からの顧客紹介のみに販路を頼っているのも、企業としてどうかとも思い、新たな顧客開拓手法を検討する中で、展示会に出展しようと考えています」

とお話しされた。

このような、販路が限られたケースはよくある。

製造業においても、受託事業の場合、わずか数社からの受注で事業が成り立っており、1社からの取引がなくなれば、たちまち事業が傾いてしまうケースである。

企業における新規の顧客開拓は、事業存続の生命線であり、絶えず新規の顧客獲得を行っていかなければ、やがて、もしくは突然に事業が苦しくなってしまう。


S社の場合は、親会社という1つの太い販路があるため、急に顧客紹介が途切れることがあるわけではない。

しかし、昨今の大企業を含めた企業活動を見れば、子会社は、いつ切り離されてもおかしくない状況である。


つまり、どんな企業も、自力で顧客開拓をする力を身につけなければいけない時代なのだ。

S社の場合、今すぐに業績が厳しくなるわけではないのだが、S社長の鋭い嗅覚による、もっと先を見据えた危機感があって当社へのコンサルティングの依頼に至った。

トップ営業マンに売上を頼りがちな組織の行く末

Ｓ社のコンサルティングが始まると、展示会の企画に入る前に、この法人向け情報サービス事業の営業活動の中で、いくつかの問題があることがわかった。

５人のトップ営業マンは、親会社から紹介された顧客のところへ訪問し、顧客の課題をヒアリングする中で、それらに対する得意なソリューションを各々が持っていた。

これまでの営業経験や知識が豊富にあり、どんな話をすれば、どんなソリューションを提案できるか、その落としどころを見つけるすべを、彼らは身につけていた。

しかし問題は、そのソリューションがいわゆる暗黙知だったため、言語化ないしは、明文化され、組織内での情報共有がなされていなかったことだった。

※暗黙知とは、個人の経験や勘に基づく、簡単に言語化できない知識のこと

営業に強い会社は、２通りある。

1つは、組織として営業活動の仕組み自体が優れている企業である。例えば、キーエンスは、その代表的な企業として挙げられるだろう。

営業マン個々人の能力が高いこともありながら、営業から開発までの情報共有が迅速になされ、そして、営業活動のプロセスやプロモーション活動なども綿密に設計されている。その結果、ダントツに高い営業利益率を誇る。

もう1つは、営業マン個々の営業スキルが優れている企業である。

売上に連動する成果報酬を手に入れられる場合、営業マン個々での力量によって稼ぎが変わるため、営業スキルの向上に励む。例えば、外資系の保険営業マンがそれに当たるだろう。

入社前の選別から能力の高さを評価された人材が入社し、そして入社後の教育研修もしっかり行われ、営業マニュアルなども完備されている。

ただ、それらが揃っているからといって、営業成績が上がるほど、簡単な世界ではない。

もちろん、その中で勝ち抜いたトップ営業マンは億を稼ぐという。

問題はそのトップ営業マン個々のノウハウやスキルにおいて、組織としての水平展開が難しいことである。

個々人の性格やキャラクターにあった営業手法ということもあるため、トップ営業マンのやり方をそのまま真似てみても、顧客に受け入れられるほど単純ではない。

そして、トップ営業マンは他の営業マンとも絶えず営業成績を競っているため、ノウハウやスキルを教えたがらないものである。

さらに、そんなトップ営業マンは、いつまでもその会社にいるわけでもない。能力が高ければ高いほど、独立したり、または他社へと引き抜かれていく。

そのため、保険業界に限らないことだが、トップ営業マンが退社してしまえば、たちどころに売上が降下してしまうこともある。属人的な営業活動に頼る末路である。

よって保険業界の場合は、顧客開拓も大事だが、会社としては絶えざる優秀な営業マンの採用がキモとなる。

話を戻そう。

Ｓ社の場合、保険業界とはいかないまでも、どちらかというと後者のケースだった。

しかし、５人のトップ営業マンは個人個人で成績を上げればよいというわけではなかった。

トップ営業マンには、それぞれ直属の部下がおり、その新人営業マンの教育も担う必要があった。そのため、トップ営業マンの問題意識としても、売上を上げながら、いかに新人営業マンの教育をすべきか、悩んでいた。

営業力強化の優先順位をどう考えるか

こういった課題がある場合、あなただったらどうするだろうか?

一時的に売上ダウンを覚悟して、トップ営業マンが、新人営業マンに営業同行し、現場での教育を重視しながら育てていくといったことができるだろうか。

あるいは、営業研修に参加させたり、営業コンサルタントのような人を雇って、新人営業マンの教育をしてもらうことに投資するだろうか。

もちろん、営業研修への参加や営業コンサルタントが付くことで、営業スキルは上がるかもしれない。

しかし、トップ営業マンのように、顧客の課題に寄り添った本質的な提案がすぐにできるようになるとは限らない。

もしくは、優秀な営業マンを雇うことを目指して、営業マンの採用に力を入れることに投資するだろうか。

しかし、ご存じのように中小企業において人手不足が叫ばれる昨今、人材採用すら難しく、ましてや即戦力の優秀な営業マンともなれば、まず採用は不可能と考えてよいだろう。

このように考えれば、残念ながら自力で、今いる新人営業マンを育てるしかない。

しかし、Ｓ社の場合、親会社からの業績プレッシャーや、大事な顧客の紹介によってトップ営業マンが顧客対応をしなければならない。

そのため、新人営業マンの教育にかかりきりになるわけにもいかないし、ましてや、一時的と言えども売上ダウンは許されない。

ではどうしたか。

ここで少し先に進むのを止め、あなたなりに考えてみてほしい。

なぜ新人営業マンはトップ営業マンの真似ができないのか

S社の場合、本質的な問題は、トップ営業マンのソリューションがいわゆる暗黙知であることである。

実はこの問題は、業界を問わず多くの中小企業で、経営者の大きな不安材料でもある。

S社のトップ営業マンも、職人芸のような領域で営業を行っており、組織内において、そのソリューションは言語化ないしは明文化され、ノウハウとして新人の営業マンに共有されていなかった。

新人営業マンにとっても、トップ営業マンに営業同行して学び、見よう見まねで営業してみても、うまくいくわけではなかった。

どんな問題や課題が顧客側にあって、それに対して、どんなソリューションを提供できるのか、トップ営業マンなりの経験と知識、そして論理的な組み立てによって、提案が行われている。

それらを端から見れば、感覚的なもの、トップ営業マンの感性でなされているように見えてしまうのだ。

これでは新人営業マンも学びようがない。

学べたとしても、時間がかかりすぎてしまう。

感覚的なものも大事なのだが、ある程度、腹落ちできるような論理がなければ、理解納得して、できるようになれない。

そこでコンサルティングに、トップ営業マン全員に参加してもらい、こう伝えた。

「今から、これまで顧客が話された問題や課題について、思い出せる範囲で構わないので、話してください。

そして、それに対して、どのようなソリューションを提案してきたのかも話してください。

できるだけ、顧客の困り事、顧客にとってどうしたらよいかの方向性、そして、皆さんが提案している、具体的なソリューションを洗い出して、体系化してみましょう」

正直、トップ営業マンがノウハウを話すことに抵抗するかと思いきや、各人の問題意識、つまり、新人営業マンに対する教育について誰もが頭を抱えていたことや、さらに、トップ営業マンが顧客対応に追われるといった大変さなどからも、素直に話し合ってくれ、そして、ソリューションも惜しみなく共有してくれた。

話し合い、そして共有してくれた内容をまとめていく中でわかってきたことは、顧客の問題、課題、そして、ソリューションには、ある程度のレベルで一定のパターンがあることだった。

ある程度のパターンが見えれば、体系化しやすい。

そして、新人営業マンにとっても、そのパターンを理解することができれば、顧客ごとに、個別の課題として解決策を考えなければならないと思っていたことに対して、対応しやすくなる。

さらに、その体系化したノウハウに、サービスネーミングを付けた。

そのサービスネーミングこそ、このS社にとっての「看板サービス」として、展示会でアピールしていくべきものになった。

展示会に使うパンフレットは間に合わせでつくっていないか

もう1つ、Ｓ社にとって、展示会に向けて重要な準備があった。

それは、「看板サービス」を広めていくための重要なツールとして、そのサービスネーミングを冠したパンフレットを制作し、体系化したノウハウを顧客に伝わるように工夫したことだった。

もちろん競合もいるので、細かいノウハウまでを掲載するわけではないのだが、顧客がそのパンフレットを見れば、自らの課題に気づき、そしてどんなソリューションがあるのかを理解できるようにするものだった。

一方で、新人営業マンにとっても、パンフレットを通じて、顧客の問題が見える化された中で話し合うので、お客様と営業マンとの、お互いの認識のズレが減る。

さらに、その問題に対して適切なソリューションもわかっていれば、無駄な提案をしなくて済むのだ。

つまり、このパンフレットは、顧客への理解を促していくツールでもあるとともに、新人営業マンへの教育も兼ねた、一石二鳥のパンフレットとなり得る。

このように考えれば、S社に限らず、パンフレットの重要性も理解できるだろう。そして、このパンフレットは、もちろん展示会でも活用できる。

パンフレットは、展示会でも必須ツールとして欠かせないからだ。

ところで、展示会で配布している企業のパンフレットなどを見ると、間に合わせでつくったと思われるチラシのようなものを手渡しているケースが散見される。

チラシという形態が悪いわけではないのだが、そこには商品概要が掲載されているだけで、顧客にとって何がどう役に立つのか、よくわからないものも多い。

来場者は、展示会でもらったものをいったん持ち帰る。

その中で、来場者にとって何がどうよいのか、パッと見てあまり理解されないものは、よっぽどピンポイントで、その来場者のニーズにピッタリはまった商品やサービスでない限り、すぐにゴミ箱行きになる。

ましてやたくさんの資料をもらって持ち帰っているのだ。

いらないもの、用のないものはすぐに捨てられてしまう。

そのため、パンフレットも制作にあたって、十分に検討されなければならない。

展示会で何を打ち出せば響くのか

このような段階を経て、Ｓ社において、展示会の企画を進めた。

Ｓ社は、展示会の来場者にとって、特段、知名度が高いわけではなかった。

そのため、会社名を大きく掲示すれば、黙っていても集客できるほど、そんな簡単な話ではなかった。


一方で、これまでの、Ｓ社で顧客対応をしてきたトップ営業マンの話を聞くと、実は顧客自身ですら、自らの問題や課題に気づいていないことが多いことがわかった。

そのため、いきなり商品やサービスの話をしてもピンと響かないことがよくあった。つまり、顧客のニーズの多くが潜在的なもので、問題意識を明確に持たれている顧客はむしろ少数だった。

トップ営業マンのその実体験から想像すると、展示会においても、同じような属性の来場者が多いだろうと仮説を立てた。

そうすると、来場者の問題意識を顕在化させるための展示会ブースづくりをしていくことが重要になる、と考えた。

このような話し合いを通じて、展示会ブースのコンセプトをまとめていった。

そのコンセプトとは、来場者の潜在的な問題や課題を顕在化させる、「診断」を大きく打ち出すことだった。

つまり、「あなたの今の事業の問題を無料で診断します」ということを展示会ブースの、メインのキャッチコピーに据えたのだ。

しかし、ただ単に、各スタッフが来場者ごとに対応して、質問をしながら診断を行うのではない。

仕掛けとして、来場者のよくある問題を10個程度、ブースの壁に大きく掲示し、その問題を来場者は見ながら、自分で診断できるように促すブースにしたのだ。

10個の問題のうち、１つでも問題があれば、何かしら対策を考えていく必要がある。

そのサポートに、Ｓ社の営業マンが個別に問題解決の相談に乗る、というわけだ。

ただ、適当な問題をブースに掲示して、来場者にまったく刺さらないようであれば、意味をなさない。そして、個別相談へのステップも踏めない。

そこで、前述した、Ｓ社のトップ営業マンのこれまでの実体験から練り上げられた厳選した問題を掲示するわけである。

それは最大公約数的に、多くの来場者が必ず問題として抱えているものであり、またその問題への対策としてのソリューションを、Ｓ社は持ち合わせるものでもある。

そうして、ある程度、意図的に顧客の問題を顕在化させることにつなげていく。

このような内容を、Ｓ社の展示会の企画書としてまとめあげた。

さらに、展示会ブースの設計も進めて、いよいよ展示会の当日を迎えた。

実は、新人教育にも最適な、展示会出展

我々は他の顧客のコンサルティングの合間を縫って、展示会に伺った。

全体的に来場者は多く、特にお目当ては、展示会場のいくつかの場所で行われている、業界では有名な方々のセミナーだった。

一方で、いざ、いくつかの他社のブースを見て回ると、スタッフが賢明に声がけをして、チラシを積極的に配っているものの、その多くは閑古鳥が鳴いており、閑散としている様子だった。

恐る恐るS社のブースへ近づくと、遠目から見ても盛況で、他社のブースとは対照的に、人だかりができていた。

しかも、問題を診断できるブースの壁では、来場者が、掲示されている問題を見ながら、熱心にチェックしている様子がうかがえた。

何人かのトップ営業マンの他に、コンサルティングではお会いしていなかった新人営業マンの顔ぶれも数人見てとれた。

彼らは来場者が診断している横で、一生懸命に、サポートを行っていた。

顔見知りとなったトップ営業マンの1人に声をかけると、

「おかげさまで、朝からずっとこの調子で、お客様がひっきりなしに立ち寄ってくれています」

と嬉しそうに、とにかく忙しそうに答えてくれた。

まだ3日間ある展示会の初日だったのだが、この様子だと、それなりに名刺を集めることができるだろうと思った。

私からは、

「展示会後の見込客のフォローをしっかりお願いしますね」

と伝え、展示会を後にした。

後日、報告があった。

「名刺は２００枚ほど集まりました。規模による大小がありますので、比較的規模の大きなところは、早速トップ営業マン中心に回りまして、小規模の事業者に対しては、新人の営業マンがフォローを行っております」

とのことだった。

その後、しばらく経ってからS社長から連絡があって、お会いすることになった。

「その節はまことにありがとうございました。

おかげさまで、展示会では、ほんとに多くの来場者に立ち寄ってもらい、名刺をたくさん獲得することができました。

展示会は社員に任せていましたが、私も見に訪れました。

周りのブースが一生懸命、来場者に声をかけている様子を見てとれましたが、あまり人は入っていないブースが多かったようです。

ただ、当社の展示会ブースには、人だかりができていて、盛況感がありました。

これだけ他のブースとの違いを目の当たりにすると、展示会はやっぱり当日の前段階である準備がとても必要であることがよくわかりました」

と話してくれ、成果を感じてくれたことに、まずはホッとした。

また、

「展示会のフォローにおいては、新人営業マンが小規模の事業者を中心に回ってくれましたが、大変よい営業機会になったようでして、少しずつ営業の経験を培って、成長を感じております。

もちろん、初めて参加した展示会の成果としても、トップ営業マンを中心に十分な利益につながっておりまして、また来年も引き続き参加する予定です」

とのことで、展示会が、新人営業マンの教育の場として、有効活用できていることに満足しているとのことだった。

「あと、私個人として非常によかったのは、先日、親会社の全営業マンに、当社のプレゼンテーションを行う機会がありまして、その時に、今回、制作したパンフレットの説明も行ったのです。

親会社では、営業マンが当社よりも何倍もの規模でおります。

彼らが担当した顧客を必要に応じて紹介してくれるのですが、全員が全員当社のことを理解して、紹介してくれるわけではありません。

何をやっている会社ですか、なんて質問してくる方もおります。

そのような中で、親会社からの顧客の紹介も大切な販路ですから、よい機会にと思い、当社の説明を行ったのです。

そうしたら、後日、親会社のある担当役員から連絡があり、あのプレゼンテーションがとてもよかったとのことで、特にサービスネーミングもわかりやすく、参加した営業マンからも好評で、S社が何をやっているのかよくわかったようだ、と言ってくれました。

そして、親会社のすべての営業マンに、S社のパンフレットを持たせて、営業に回らせるから、何百部か送ってくれ、と言われたんです。

当社の新人営業マンも十分に使えるパンフレットになっているぐらいですから、親会社の営業マンも、当社のサポートがなくても、十分に使えるものだと思っています。

もちろん、具体的なソリューションのご相談になったら、当社に顧客をつないでくれるようになっています」

S社長は当初、ただ展示会に出展すれば、親会社以外の販路や顧客獲得につながると考えていた。

しかし、そうではなく、実は、展示会に参加する前の段階が非常に重要であることを理解したのだ。

つまり、自社が新たに掲げる「看板サービス」として、「カテゴリーキラー」をどうしていくのか、その考えを深めていくことが重要であることに気づいたのである。

もともとＳ社長は、営業マンとして、顧客に問題を気づかせ、解決の方向性を提示し、具体的なソリューションを提供することは、当たり前のことだと思っていた。

しかし、それを具体的に見える化して、ノウハウとして組織内で情報共有を図ることで、新人営業マンの教育のみならず、ある意味で、顧客への教育も行えることにつながるとはあまり考えてこなかった。

さらに、そのノウハウが、展示会でも企画として打ち出せることに驚きを覚えたようだった。

営業にせよ、展示会での顧客獲得にせよ、顧客ニーズをしっかりと理解していくこと、そしてノウハウを体系化して見える化していくことが、非常に重要である。

また、自社が提供するサービスにネーミングを付けて、「看板サービス」として伝えていくとともに、営業の武器として、パンフレットもしっかりと整備していくことが必要不可欠である。

その後、S社は、過去最高業績を達成し、全社員と、その家族も招待して、報奨旅行に行ったという。

展示会へ出展しさえすれば顧客獲得につながるだろうと安易に考える方が多くいる。

しかし、展示会に出るにせよ、やはり重要なことはまず顧客の理解であり、どのようにしたら顧客の問題解決を図れるかを、突き詰めて考えてみてほしい。

そのことが、展示会の顧客獲得にも大きく影響する。

さて、次の項からは、受託事業を中心とした製造メーカーの、展示会出展の具体的実例についてお伝えしていきたい。

新規顧客獲得の仕組みづくりを目指して

これまで展示会に何回か出展したが、あまり成果が上がらなかった、と嘆く方は多い。

あるいは名刺は集まったけれども、売上にはつながらなかったと話される方もいる。

T社もそのような経験を経て、今後どうしたらよいか、と悩みを抱えてコンサルティングに取り組んだ企業の1つである。

T社は、特殊な素材の組み合わせによって、様々な製品をつくりあげることができ、業界では知る人ぞ知る、100年以上の歴史を誇る製造メーカーである。

当社が定期的に開催しているセミナーに、T社の社長が参加され、後日、個別相談でご来社され、現在の事業状況や課題について話してくれた。

「当社は、大変歴史のある企業ですが、私はオーナーではなく、サラリーマン社長として、数年にわたって経営してきました。

現在、ほとんどの売上を1社に依存しており、その企業からの製造受託事業を中心に長らく経営しております。

業界の中では、それなりに名が知られておりますが、いくつかの大企業が君臨しており、吹けば飛ぶような企業規模です。

問題は、現在取引のある1社以外に、新規顧客の開拓があまりできていないことです。またその仕組みもありません。

私が社長に就任してから、実は、マーケティングに力を入れようと声を上げて、組織体制なども変更しながら改革を行ってきました。

また、新製品開発などにも取り組んでまいりました。

昨年には、その新製品をひっさげて、初めて展示会にも出展し、顧客獲得を目論みましたが、それなりに名刺は集まったものの、あまり芳しい成果につながりませんでした。

あと数年で私も退任します。それまでに社員のためにも、何とか新規顧客獲得の仕組みづくりを行いたいのです。そのための力をお貸しいただけないでしょうか」

とご相談があった。

そして、コンサルティングがスタートした。

日本の消えゆく、ものづくりの技術

世の中の中小製造メーカーにおいて、いわゆる下請けなどの受託企業は非常に多い。

大企業が一番上にあり、一次下請け、二次下請け、と階層が存在し、その裾野の広さと深さが、日本のものづくりを支えてきた。

ものづくりを支えている存在にもかかわらず、現実は大企業などからの厳しい価格競争に常にさらされ、その多くは儲けも少なく、生き残るには厳しさを増している。

国内の競合のみならず、海外企業の製造メーカーとも比較され、値下げを断れば、簡単に首をすげかえられてしまう、そんな存在でもある。

また、中小企業においては事業承継の問題がクローズアップされている。

中小製造メーカーで培われてきたものづくりの技術も、承継されずに、消えてなくなってしまう現状に直面している。

事業承継の問題は、もちろん人手としての成り手が少ないこともあるが、事業そのものが儲かっていなければ、息子にせよ、娘にせよ、後を継ぐ人間がいても、苦労ばかりが目に見え、継ごうにもあまり魅力的に映らない。

そのため、現社長が事業存続を望むのであれば、なんとしてでも、儲かる事業体にしておく必要がある。

そして儲かる事業体であれば、仮に社内に事業承継できる人材がいなくても、事業売却という選択肢も生まれ、事業を存続させ、社員の雇用も守り、技術も承継できる。

もちろん、事業承継をするにせよ、事業売却の手段を選んだとしても、スムーズにはいかないかもしれない。

しかし、ただただ厳しい選択肢しか残らないよりも、前向きな選択肢を残せることに越したことはない。

安易に手を出してはいけない新製品開発

中小製造メーカーの中には、これまで厳しい価格競争にさらされたことで、受託中心の事業から、自社製品の開発に取り組んでいる企業もあるだろう。

最近ではクラウドファンディングなどの隆盛から、ＢｔｏＣ（Business to Consumer：会社対消費者取引）向けの商品開発にチャレンジしている方もいる。

例えば、機械加工の技術を活かして、キャンプ向けの商品開発を行ったりすることをメディアなどでも見聞きする。

しかし、果たして、それらの自社製品開発がクラウドファンディングなどによる一時の売上ではなく、その後も売れ続けている商品に育っているかどうかは、はなはだ疑問である。

仮に1個数万円もするような商品が、本業を支えてくれる売上に育つのか、それには社長自身の根気や忍耐が問われる。

本業である受託事業に陰りが差してきたため、ＢｔｏＣ向けに自社製品開発をしたものの、思ったほど売上につながらず、暗礁に乗り上げたというご相談をいただくことがある。

一方で、当社で指導した企業の中に、自社製品開発に成功して、それ自体が本業を支えるぐらいになるような事業に育っている例もある。

しかし、その社長は、自社製品開発の目的を、受託事業の取引先企業などに、本業における製造能力を魅力的なパフォーマンスとして示すため、と割り切っている。

そして何よりも、社長本人が面白がって開発に当たっている。

そのため、

「正直、あまり売れなくてもいいんです。それよりも、こうしたものを通じて、当社の魅力を発信していきたいんです」

と話されていたが、実際には本業においても、今では他社と相見積もりでの価格競争にさらされることがほとんどなくなり、相談案件が増えた、と喜んでいる。

受託事業でもカテゴリーキラーとして成功できる

さて、我々がコンサルティングを進める際、プロジェクトに取り組むテーマが非常に重要であることを痛感している。

経営者が、どうしても新製品開発を行って新たなる収益源に育てたいという強い想いがあり、何年にもわたって、根気や忍耐を持って事業化したい場合には、我々も、そのテーマで進めることを止めない。

結局は、経営者の想いの強さによって、成すものもあれば、成されないものもあることをわかっているからだ。

しかし、新製品開発に対する、そこまでの強い想いがない場合、または本業があまりうまくいかないからと他に目を奪われてしまっている場合は、まず本業である受託事業そのものを、自社の「看板事業」として組み直し、カテゴリーキラーにしていくことを勧める。

その理由は、これまで培われた強みを見出して、市場におけるポジションを明確にし、かつ、事業が魅力的に新規顧客に伝わるようにすれば、まだまだ受託事業が売上をつくっていけることを、これまでのコンサルティングで何度も経験しているからだ。

展示会にも反映されてしまう、対外的な魅力発信の弱さ

さて、Ｔ社の話に戻そう。

Ｔ社の場合は、新規顧客獲得の仕組みづくりというテーマだったために、開発してきた新製品をテーマにしていきたいというこだわりは特になく、アピールする手段の１つとしての材料という位置づけでコンサルティングを進めた。

長らく受託事業を１社依存で行ってきたこともあり、対外的な魅力の発信があまり上手ではないことは否めなかった。

会社のパンフレットを覗いても、そこには会社の沿革や概要、そして、開発した新製品

の説明に終始しており、これでは正直パッとしない、というのが第一印象だった。

新規顧客が、この会社のパンフレットを手に取ることを考えれば、同じような印象で終わってしまうことが容易に想像できた。

また、ウェブサイトに至っては、前時代的なもので、会社概要が書かれているだけで、おそらく制作当時の担当者が、今どきウェブサイトぐらいないと、と考えて間に合わせでつくった代物だった。


これでは展示会でのアピールも今ひとつだったのだろう、いや、もはや会社名を大きく掲示しているだけで、何を訴求したいのかすらも明確になっていなかったのではないか。

そして、無理矢理というわけではないかもしれないが、スタッフは積極的に名刺交換を頑張ったのだろうと思った。

その結果、名刺はそれなりに集まったが、ターゲットとなる名刺は少なく、また、自社のことについて、さして関心も持たれなかったために、集めた名刺は、ゴミの山と化しただけに過ぎないと思った。


長らく受託事業を中心に行ってくると、仕事はそれなりに安定して入ってくるため、自社には、いったいどんな強みがあって、対外的に魅力をどのように伝えればよいのか、に関心が薄くなる。

例えが悪いことは重々承知で伝えるが、それはまるで動物園の檻の中に閉じ込められた動物のような状態である。黙っていても食物が運ばれてくる。

しかし、そういった環境は、いわゆる生殺与奪（せいさつよだつ）の権を他人に握らせることを意味する。

もしいったん檻から外へ放たれたならば、自らの食べ物を刈り取る術（すべ）がわからないため、早晩、息絶えてしまうだろう。

一方で、野生の動物は、自らの得意な能力を駆使して狩りを行い、生きながらえるための食物を獲ることに、全精力を傾ける。

楽ではないが、しぶとく生き残る確率は高まる。

Ｔ社のケースも、強みの精査がまるでなく、さらに言えば、看板事業としても「何屋か」ということが対外的に、魅力的に伝わっていなかったことは一番の問題であることがわかった。

強みを見出し、事業ネーミングを考える

ところが、T社のコンサルティングを進める中でわかってきたことは、他社にはない類い希なる強みがあることだった。

受託事業の中で、顧客から依頼されることは、ただ言われたものをつくるだけではなく、顧客から求められた特殊な機能を、様々な素材を組み合わせて生み出すことだった。

そして、基本的にT社の営業マンは、技術開発も経験してきているため、特殊な機能をつくり出せるかどうかを、即答ないしは数日以内に回答することができた。

つまり、T社の強みとは、求められる機能を、様々な素材を組み合わせて生み出す技術力と、その蓄積されたノウハウを持った人材にあることがわかった。

ただ、ここで強みを明確にしただけで終わらせてはいけない。

さらに考えるべきことは、できるだけ短い一言で、自社の魅力を伝えるようにすること

だ。

つまり、「何屋か」を一言で明確に伝えていくのだ。これが事業の場合、事業ネーミングと呼ぶものである。

それは業界名や業態名を入れただけのものではない。強みの要素を反映させた自社オリジナルの事業ネーミングである。

例えば、寿司屋という大きなジャンルがある。

しかし、自分の寿司屋は、「寿司屋です」と伝えたところで、一般的な業種名を伝えるだけで、他の寿司屋との違いは感じられない。

「回転寿司屋です」と言えば、寿司屋の中でも、回転している寿司屋として低価格でお寿司が食べることができたりするファーストフード的なイメージができる。そうなると、寿司屋の中で、絞り込んだジャンルとして成立する。

ただ、もちろん「回転寿司屋」というだけでは競合も多い。

そこにまた、「根室直送回転寿司屋」とか、「金沢直送回転寿司屋」と言えば、さらに地域のイメージと合い重なって、絞り込まれた独特の回転寿司屋として、他社との差別化を図れる可能性が高まるだろう。

それ以外にも「炙り専門寿司屋」とか「肉寿司屋」とかもあるかもしれない。

いずれにせよ、これまで積み上げてきた自社の強みを軸に、受託事業を自社の「看板事業」として「カテゴリーキラー」にすべく、事業ネーミングを考えていくことは、対外的な魅力をアピールするうえで非常に重要である。

さらに言えば、この事業ネーミングを展示会に大きく掲げることが、展示会に出展する同業他社との違いをも明確にしていくことにつながっていくのだ。

展示会ブースの前面で何を訴求するかは超重要

展示会の企画を進めていく中で、T社の事業ネーミングを大きく掲げたと前述したが、コトはそんな簡単には運ばなかった。

展示会では、製造メーカーとして、やはり製品そのものを打ち出すことが、わかりやすいし、来場者にも認知してもらいやすいのではないか、とコンサルティングに参加していたメンバーから抵抗があった。

これに関しては、実は、ケースバイケースと言ってよい。

というのは、自社にわかりやすい差別化された製品が存在すれば、それを前面に打ち出したほうが、ヒキは強くなる。

何を訴求していくことが一番よいかは、やはり会社ごとに市場の状況や顧客、そして、競合環境なども踏まえて、総合的に判断していかなければならない。

ここで大切なことは、何を前面に訴求するかを仮説検証していくことである。

例えば、今年は製品を前面に打ち出したが、今ひとつ反応が悪かったので、次年度は、事業そのもののコンセプトを打ち出してみよう、など、毎回、来場者のターゲットや顧客ニーズ、競合との兼ね合いから精査していく必要がある。

Ｔ社の場合は、開発された新製品について魅力的な側面があったものの、受託事業として、新規顧客からの相談案件数をより増やしていきたいという目標もあったため、「看板事業」の事業ネーミングを打ち出すことを決定した。

さらに、展示会ブースにおいても、ビジュアルとして大きく打ち出したのは、T社の技術者の顔写真だった。

つまりヒトを立たせたのだ。

顔写真を大きく掲載することで、同業他社が、製品名とその製品写真のビジュアルを打ち出している中、大きく違いをつくり、目立たせて意外性を演出することにも注力した。

この技術者の顔写真を大きく掲載することには、意味があった。

それは、その展示会ブース内で、来場者の問題や課題を技術者へ気軽に相談できるということを意味した。

このように書くと、もしかしたら読者の中には、そうか、目立たせるために、社員の顔写真を大きく掲載すればよいのか、と思って、同じように真似する方もいるかもしれない。

しかし、ただ表面的に真似しても、あまりうまくいかない。

それは、これまでのコンセプトの組み立てがあり、そのアウトプットとして最適な表現を考えているからだ。

つまり、他社との違いを明確に表すために、企業個別に最適な打ち出し方を考えていくことが重要なのである。

このようにして、展示会で打ち出すコンセプトを考えて、それに見合った言葉（キャッチコピーや、Ｔ社の場合の事業ネーミングなど）と、パッと見たときのインパクトのあるビジュアル（写真やイラスト、Ｔ社の場合は、技術者の顔写真）を展示会で大きく掲示することを検討していくのである。

これらのことを、Ｔ社は１つずつ、準備に準備を積み重ねて、展示会の初日を迎えた。

Ｔ社の展示会の成否はいかに

展示会初日は、雨空が広がり、朝からパラパラと小雨が降っていた。天気は、展示会場への来場者数に大きく響くため、少々心配になった。

我々は午後から時間ができたため、会場へと向かった。会場を見渡すと、来場者が少ないということもなく、安堵した。

しかし肝心なことは、T社の展示会ブースに来場者が集まっているかどうかである。

T社の展示会ブースを見つけて、まずは遠目から見守った。

その展示会ブースは、当然、事前にパース（展示会ブースを立体的に描いた絵）として確認しているため、どんな展示会ブースになるかは理解していた。

ただ、周りの展示会ブースとの兼ね合いで、どのような見え方になるかは、やはり会場で見てみないとわからないことも多い。

T社の場合、通路の角に展示会ブースを陣取れたこともあって、遠目に見ても、前面のボードに大きく打ち出していた事業ネーミングと技術者の顔写真が、よく目立っていた。

しばらく見ていると、来場者が前を通り過ぎる中で、立ち止まって、事業ネーミングと顔写真などを見上げている様子がうかがえた。

そして、そのうちの何人かは吸い込まれるようにT社の展示会ブースに入っていった。

我々が展示会ブースへ近寄ると、展示会ブース内は、数人の営業マンが忙しそうに、来場者へ対応を行っていた。

もちろん、顔写真で掲載されていた技術者もおり、熱心に、来場者からの質問に答えているようだった。

T社の事業部長が駆け寄ってきて、

「おかげさまで、出だしはよさそうです。いくつかの具体的な相談もいただいていて、営業マンからは、アポも入ったと報告がありました。まだ明日明後日と3日間ありますが、多くの相談案件数を獲得していければと思います」

と話してくれた。

展示会出展を通じた社員のやりがいと成長とは

後日、T社の社長から連絡があった。

「おかげさまで、展示会は成功しました。昨年と違い、多くの具体的な相談依頼があり、中にはすでに、展示会場での相談から受注もありました」

何より、営業マンが忙しそうにしているのが嬉しいとのことだった。

また、展示会で技術者の顔写真を大きく掲載したことが、とてもよかったとのことで、その理由は、人を立たせたことで、若手社員にも、檜舞台というか目指す姿を社内に掲示できたことがよかったと話してくれた。

T社は受託企業のため、基本的には黒子として動く側面もあり、世の中では、あまり表に企業名やブランド名が出てくるような会社ではない。

そのため、

「まぁ、これまで、既存の取引のあるお客さんからも、依頼されたものはできて当たり前、というかミスしないことが重要で、社員としても、それほどお客さんに喜ばれているようにも感じていませんでした。

しかし、今回展示会に出展すると、課題を持ったお客様がいらっしゃって、相談に乗ると喜んでくれているようなんですよね。

それが営業マンからすると嬉しいというか、やりがいを感じられているようなんです。もちろん、注文も取って来いよ！　と発破もかけているんですけどね」

とT社長は、嬉しそうに話してくれた。

最後にT社長は、

「決して優秀な社員たちばかりではありませんが、それでもやりがいを持って、仕事をしてくれれば、成長もしますし、結果として業績も付いてくると思うんです。

今回の展示会での成功体験を通じて、一緒に考えていただいた事業ネーミングも、当社の看板事業として、今後は、広く打ち出していき、さらに新規顧客獲得の仕組みづくりを進めていきたいと思います。今後ともご指導よろしくお願いいたします」

と話してくれた。

T社の展示会出展までの、コンサルティングの道のりは簡単ではなく、幾度となく、意見の相違から、話が前に進まないこともあった。

しかし、手応えを感じてもらえると、それが自信となり、あとは組織で自走できるようにもなっていく。その初動が大切である。

プロジェクトの早い段階でスモールウィンを勝ち取ることは、展示会出展にせよ、新規事業にせよ、何かの取り組みをスタートしたときには、重要なことである。

展示会においても、失敗が続くと、組織としてやる気が萎えてしまい、何をやっても無意味のように社員も思ってしまい、ますます組織としての活力が失われていく。

展示会出展が成功するには、いくつかのステップと、ステップごとのノウハウがある。

それらが1つでも欠けてしまうと、成功にはつながらない。

これらのステップや、ステップごとのノウハウについては、また第4章から第5章で詳しく説明するが、それらのことを知って展示会へ出展するのと、知らないで出展するのとでは、大きく成功確率が変わってしまう。

安易に、何も準備せずに出展だけしても、貴重なお金と時間を失うだけで、なんの成果にもつながらないし、ノウハウも残らず、非常にもったいないことをしていることに気づいてほしい。


そして、実は、展示会で間違った訴求をしてしまうと、来場者からは間違ったレッテルを貼られてしまい、二度と、その企業からは相手にされなくなるといった、取り返しの付かないことにもつながる。

そのようなことにもならないために、次の第3章では、「展示会で成果が出ない会社に共通する5つのこと」を伝えたい。

あなたの企業が、もしこれまで展示会に出展しても成果が出ていない場合、そこには共通した原因があることを知ってほしい。

第3章　展示会で成果が出ない会社に共通する5つのこと

なぜかうまくいかない展示会

長年、展示会出展のコンサルティングを行っていると、展示会に訪れるたびに、あー、これではうまくいかないな、とすぐ見てわかる展示会ブースがたくさんある。

あなたが来場者として展示会へ行くと、興味のあるなしはさておき、感覚的に避けてしまうような展示会ブースがあるだろう。

それにはいくつかの原因があるし、言われてみると、確かにそうそうとうなずけるのだが、いざ出展社側の視点に立つと、なぜか不思議と、そのうまくいかないことを、やってしまっている。

買い手視点と売り手視点は、こうも違うものかと、展示会に行くと、まざまざと見せつけられる。

第3章では、この、展示会でやってしまっている問違い、「展示会で成果が出ない会社に共通する5つのこと」を紹介しよう。

せめて、この5つはやめたほうがよい、というものばかりで、1つでも当てはまったら、展示会で成果につながらないと断言できる。

成果が出ない会社①／スケベ心がまる見え！

1つめは、この項のタイトル通り「スケベ心がまる見え！」である。

展示会出展のコンサルティングを行う中で、展示する商品の話をしていると、ある社長が、

「先生、今、進めているAという商品を売っていきたいのですが、実は、当社の商品の中には、Bという商品も非常によいものなので、こちらも展示したいと思います。

また、もしかしたら来場者の中には、Cという商品に興味を持ってくれるかもしれないので、そちらも展示できればと思います。

あと、Dという商品も、来場者にひっかかるかもしれないので、置いておきたいですね。

今回せっかく出展するので、当社の持っている商品で、売れる可能性があるものは、できるだけすべて紹介したいです。

来場者が、商品のどれかに興味を持ってくれるかもしれないですしね」

と話される方がいる。

この気持ちは、どれかは売れるはずだ、そして、どれも買ってほしい、という、いわゆる「スケベ心」が、実は「まる見え」になっている。

もちろん社長の気持ちもわかる。

来場者に、どれかが売れるかもしれないという可能性は否定できないし、また、これまで自信を持って開発してきた商品や製品は、どれも社長にとってはかわいい子どものようなものかもしれない。

しかし、総花になってしまった展示会ブースでは、来場者に強いインパクトを与え、展示会ブースに立ち寄らせるほどのパワーは、残念ながら、ない。

そして様々な商品や製品を展示すると、展示会ブースで伝えたいメッセージもまた、非常にぼやける。

この総花的な展示会ブースを、「よろず屋的展示会ブース」と当社では呼んでいる。

「よろず屋」は、総合スーパーや百貨店のように、色々売っている「何でも屋」のことだが、買い手から何屋だかよくわからない、という印象を与えてしまう。

展示会においても同様で、何だかよくわからない展示会ブース、というレッテルを、来場者に瞬間的に貼られ、立ち寄ってくれなくなるのである。

来場者はあなたの展示会ブースをどれだけ見ているか

展示会場を歩くと、あそこにもそこにも、たくさんの商品を並べて、スタッフが売り込もうと必死になっている。

展示会ブースの上部のパネルを見上げると、大きく会社名が掲示されているが、よく知らない会社で、展示会ブースに並べている商品の数々は散漫な印象を与えるだけで、「ご愁傷様」とつぶやいて、ただただ通り過ぎていく。

このような展示会ブースは、「スケベ心がまる見え！」なのだ。

こうして、多くの企業が安くない展示会ブース出展費用を無駄にして、展示会主催者を儲けさせている。

社長は、出展中にこう思う。「なぜ、どれもよい商品なのに、なかなか立ち寄ってくれないのだろう」

しかし、多くの場合、3年経っても5年経っても、成果が上がらない。

やり方を変えてみようと、展示会ブースデザインに大枚をはたいて装飾をほどこし、目立つように変えてみたのだが、それでも立ち寄ってくれない。なんでだろう。

そろそろ気づいてほしい。様々な商品や製品をただ並べただけでは、立ち寄ってくれないということを。

ところで、展示会ブースの大きさにもよるが、来場者が1つの展示会ブースを通り過ぎるとき、その展示会ブースを見ている時間はどのくらいか、ご存じだろうか。

展示会ブースのことではないが、例えば、パッと見て通り過ぎてしまうような広告媒体の1つとして、屋外広告がある。いわゆる野立て看板であるとか、店舗にある上部看板や暖簾などが、それにあたる。

これらの屋外広告では、どのぐらいの時間を人は見ているのだろうか。

実は、人の目が1か所に滞留する時間は、だいたい０・３秒前後という。

このことからすると、展示会ブースでも、同じぐらいの時間しか見ていないことが考えられる。

何せ、展示会場は、展示会ブースだらけなのだ。

人は、１つひとつの屋外広告の看板をじっくり見ないように、ましてや展示会ブースだらけの中で、そして、その数は何百とある中で、１つの展示会ブースをじっくり見ている余裕は、来場者にはない。

もし、あなたが来場者として展示会を訪れれば、無意識にそうしているはずである。

もちろん、お目当ての展示会ブースに関しては、それは当てはまらず、じっくり見るだろう。

しかし、それ以外の展示会ブースに関しては、サラッと見て、興味を感じたら近寄って、もう少しじっくり見ようと思うかもしれない。

この、もう少しじっくり見させるために、何だかわからない展示会ブースにしてはいけないのだ。

展示会出展で「○○」を決めよう

当たり前のことだが、新規顧客をつかまえるために出展していることを考えれば、いかに、目の前を歩いている来場者に興味を持ってもらえるか、これが大切になる。

そのためにどうすればよいのか。

ズバリ言おう。

それは1つの商品や製品、1つのサービス、1つの事業に絞り込んで展示することである。

つまり、自社の商品、製品、サービス、技術、事業の中で、「推し」を決めるのだ。

これが実は、これまで伝えてきた、自社の看板商品、看板製品、看板サービス、看板技術、看板事業、のことである。当社で言うところの「カテゴリーキラー」である。

他の商品や製品、サービス、技術、事業は、思い切ってすべて捨てる、とまでは思い切れないかもしれないが、メインで「推す」ものを、明確に決める。

そして、その他の商品や製品、サービス、事業は、サブ的な位置づけにして、メリハリを付けて、「推し」を売り出す。

そのことで、来場者に伝えたいメッセージも明確になる。

来場者にとって、わかりやすい展示会ブースになる。


例えば、48人で形成するアイドルグループがあるとする。

そしてポスターを作成しようとしたとき、当然、ポスターサイズは決まっている。

ポスター作成の目的が、既存のファン向けではなくて、新しいファンをつくりたいと考えており、人がよく通るような場所に掲出しようとしたとする。

そのときに、その48人をどのようにポスターに並べようとするだろうか。


48人の顔が同じサイズで並ぶように掲載するのか、もしくは、そのグループでも1番人気を誇る絶対的エースと呼ばれるような1人をセンターとして大きく掲載し、あとは人気に従って顔のサイズを、1人ひとり調整しながら、小さく掲載していくだろうか。

どちらのほうが、そのアイドルグループを知らない通行人にとって、目に飛び込んでくるだろうか。

このように考えていくと、当然、後者のほうの、メインで目立つ1人を大きく打ち出していき、通行人の目をひかせるようにするのではないか。

これが、48人が同じように掲載されていたら、サイズの決まったポスターでは、それぞれの顔が、歩いている通行人からは、ほとんど視認できず、なんだかよくわからないポスターとして通り過ぎられてしまう。


このことと同じように、展示会においても、「推し」を決めて、それを強く打ち出すことで、展示会の来場者にとって、強く目立つようにするのだ。

基本的には、「ワンテーマ、ワンメッセージ」を貫く。

しかし、社長はこれができない。あれもこれも売り込みたくなる。

そう、「スケベ心」が邪魔しているからだ。

来場者視点だとわかることが、出展社視点だと、とたんにわからなくなるのが、商売の難しいところだ。

いわゆる買い手と売り手の視点の大きなズレである。

いかに売り手は買い手視点を持てるか。

これがマーケティングというものの重要事項でもあるのだが、それが簡単ではないことは、「スケベ心がまる見え！」の展示会ブースが方々にあることにも見てとれる。

成果が出ない会社②／使えないモノだらけ！

さて、次にあなたは、展示会ブースに「使えないモノ」を置いてしまっていないだろうか。

「展示会で成果が出ない会社に共通する5つのこと」の、2つめは「使えないモノだらけ！」である。

展示会を見て回ると、明らかに「使えないモノ」を置いているケースが散見される。

「スケベ心がまる見え！」で書いたように、商品や製品を、ただいたずらに並べていることも、「使えないモノ」の1つではあるのだが、それ以外にも、無駄に多くの種類のパンフレットやチラシが並べてあったり、ラックに入っていたりする。

誰が、そんなに多くのパンフレットやチラシをほしいと思うのだろうか。

また、無駄にかっこよく、モニターを設置して映像を流している場合もあるが、これも使い方を間違えると、「使えないモノ」の1つになる。

もし、自分たちが一番伝えたいメッセージにたどり着くまで、何分も何十分も映像が流れていれば、その間、すべてを見てくれる人は誰もいない。

ましてや、何か伝えたいメッセージもない映像を流して、自己満足的に、会社や商品か何かのＰＲ動画をだらだら流してみても、賑やかしにはなっても意味がない。

テレビＣＭが15秒。そんな短い時間でも面白くなければ、テレビＣＭが始まった途端に、切り替えられてしまう。

ユーチューブで流れる動画広告も、およそ5秒でスキップできるように、長い時間見ようと思わないのが、宣伝用の動画や映像である。

例えば、動画や映像を活用して、展示会ブースでは伝えきれない商品などの動きの、ある部分を見てもらうとか、それとも、短い動画で伝えたいメッセージを繰り返すとか、活用の仕方をよくよく考えなければ、モニターのレンタル費用もバカにならない。

さらに展示会ブースの壁には、色々なパネルやポスターが貼ってあるのを見かける。

それらは、来場者に何を伝えたいのかが明確になっていなければ、ただ単に、ありきたりなパネルやポスターを貼り付けているだけで、まったく意味がない。

展示会ブースの壁というのは、非常に貴重なアピールスペースである。

それこそ、展示会ブースのコマ費用という広告スペースを何十万円も出して買っていることを考えれば、壁１枚も無駄にできない。

伝えるべき内容を精査して、どの壁に、何を訴求するパネルやポスターを貼るのか、展示会ブース全体のバランスを考えて、１つひとつ検討していくことが大切である。

また、準備した際に使った段ボールや備品などを、展示会ブース内の、来場者の目が届くところに置かないことも重要である。段ボールは、とても印象が悪く見える。

飲食店などでも、入り口付近や客席のある隅に、段ボールが積まれていることがあるが、やはり食事をする場所としてはどうしても汚らしく見えてしまう。

それと同じようにせっかく素敵な展示会ブースデザインに施工しても、段ボールが置いてあったら、興ざめというわけだ。

さらに言えば、スタッフのバッグなども、床の隅に置かれていて雑然としてしまうところもある。

展示会ブース内に置くべき商品やパンフレットなどの必要なもの以外は、すべて、それらをしまうようなスペースを、あらかじめ展示会ブース内に設計しておくとよい。

ただ、それは、来場者に見せるための展示スペースを狭くしてしまうことでもあるため、ケースバイケースで考えていく必要がある。

もしくは、会場のロッカーなどにしまって、極力、来場者の目に触れないように気をつけてほしい。

使えないヒトだらけ！

さて、他にもある。

ここまでは、どちらかというと、「使えないモノ」を紹介してきたが、それ以外にも、実は、「使えないヒト」がいる。

例えば、展示会ブース内に受付テーブルを設けて、ご丁寧に、受付スタッフを椅子に座らせているケースである。

通路に向かって座っているので、来場者からすれば、近寄る気にもならない。

そして、たいがい暇そうにしている。

それはそうだ。そんなに頻繁に、名刺を渡して、パンフレットをもらいに来る人はいない。


そもそも、展示会ブース内で、悠長に座るな、と言いたい。

人がそこに座り、固定されているだけで、動きのない展示会ブースに見えてしまう。

ましてや座りながら暇すぎて、スマホを見ている人もいる。

来場者からすれば、展示会ブースのスタッフがスマホを見ているだけで、やる気のないブースと思ってしまう。


また受付スタッフ以外にも、「使えないヒト」はいる。

それが、展示会スタッフとして、人数の間に合わせで連れてこられた社員である。

本人にとっても、来場者にとっても、いい迷惑である。

まず、やる気がなさそうである。

本人の業務以外の仕事をさせられて、喜んで手伝えるだろうか。

来場者にとっても、聞いた質問に答えることができずに、営業マンや開発の担当者につなごうとするばかりで、会話にならない。

そもそも、展示会のコンセプトの立案にも立ち会っていなければ、セールストークやオペレーションなどの訓練や準備などもせず、ただいきなり、展示会ブースに立たされているのだから、「使えないヒト」であることは、仕方がないといえば仕方ないのだが。

もちろんそれは、いきなり立たされた彼らに限った話ではない。

営業マンや開発の担当者であっても、やる気もなければ見込客を獲得しようという意識もなく、単なる業務の一環、または展示会というお祭りに来ているだけで、何の役にも立たない方々もいる。

第1章の終わりにも書いたのだが、展示会を1つの舞台と捉えれば、必要のない展示物、そしてスタッフは、1つもないはずである。

それはつまり、「使えないモノ」と「使えないヒト」は、展示会ブースには置かないということである。

汚い部屋の空気がよどむように、展示会ブースにも使えないモノやヒトがいれば、その空気はよどむ。

来場者はそれを察知して、近寄らなくなるのだ。

成果が出ない会社③／お姉さん、きれいすぎ！

さて、「展示会で成果が出ない会社に共通する5つのこと」の、３つめは、「お姉さん、きれいすぎ！」である。

えっ、お姉さん、って誰って？

そう、展示会で必ず出会う、あの子たち。

展示会場を歩いていると、展示会ブース前で、ファッショナブルな洋服に身を包み、素敵な笑顔と、美しい声で、来場者を魅了する。

熱心にサンプルを配り、パンフレットを渡し、来場者にお声がけ。

それは、きれいなコンパニオンの女性の皆様。

ついつい、彼女たちに目がいってしまうのは、男性の悲しい性。

しかし、弱気な男性は、一瞬目が合い、優しい微笑みを投げかけられると、目をそらし足早に通りすぎてしまう……。

一方で、強気な男性は、その女性に直進して、サンプルやパンフレットを受け取り、話しかけるかもしれない……。

いずれにせよ、展示会を彩る美しい花たちは、展示会ブース以上に輝いて、来場者の目が集まる注目の的でもある。

ん？　っと、展示会ブース以上に目が集まってしまう？！

そう、残念ながら展示会ブースの前にコンパニオンが立っていると、来場者はコンパニオンに注意がいってしまって、展示会ブースに目がいかなくなるのである。

前述したように、人の目が1か所に滞留する時間は、だいたい0・3秒前後と書いたが、その展示会ブースを見る時間もまた0・3秒前後だとすると、コンパニオンを見る時間に、その0・3秒を取られてしまっていることになる。

本来は、展示会ブースに掲げたキャッチコピーや展示物などに目を向かせて、それらに興味を抱いた来場者に、立ち寄ってもらうことが重要である。

しかし、コンパニオンが展示会ブース前に立っていると、キャッチコピーや展示物に目が向く前に、コンパニオンを見てしまい、そのまま通り過ぎてしまうことになるのだ。

頑張りすぎは、逆効果！

例えば、洋服屋に入店したと同時に店舗スタッフに声をかけられると、嫌な感じがする人も多いだろう。

それと同じように、コンパニオンに限ったことではないが、展示会ブースに近寄ってすぐに、そこにいるスタッフに声をかけられると、逃げるようにして、立ち去りたくなるのが、人間の心理である。

一方で、このコンパニオンの方々は、２つめに書いた「使えないモノだらけ！」で出てきた、やる気のない「使えないヒト」たちではない。

企業からお金をもらっている以上、むしろやる気はあって、積極的に来場者に声をかけようと頑張っている。

しかし、その頑張りが逆効果であることに、出展企業もコンパニオンも気づいていない。来場者を積極的に遠ざけてしまっているのだ。

ただ、こういう反論もあるだろう。

大企業の展示会ブースでは、大がかりな展示物や豪華な装飾に加えて、たくさんのコンパニオンを雇って、積極的に来場者に声をかけている、と。

しかし彼らは、このコンパニオンの力だけで、来場者を立ち寄らせようとしているわけではない。

大企業が持っている製品、そしてブランド力、知名度があるからこそ、来場者は、その企業の取り組みに興味を持って、展示会ブースに立ち寄ることにつながっている。

その上で、さらに目立たせたり、立ち寄らせる花としての、コンパニオンを活用しているのだ。

中小企業と比較しても、大企業は、あり余る予算を使って、派手に展示会ブースを企画すれば、それだけでも目立つし、来場者の目もひくことになる。

つまりコンパニオンは、知名度が高い大企業が活用するのであれば、大きな問題はない。

しかし、中小企業が限られた予算の中で、小さな展示会ブースを最大限活かして、どのように見込客を獲得していくのかを考えるとき、果たして、その限られた予算で、コンパニオンを雇うことが優先すべきことなのか？

いや、他に予算をかけるべきことが、たくさんある。

やはり中小企業は、展示会コンセプトや商品やサービスから考えることが、順番としては先である。

そして、それらをどのように訴求していくのか、また、それらを具現化するような展示会ブースデザインは、どのようにあるべきなのか、を考えることが先である。

その考える順番があることを理解してほしい。

その上で、コンパニオンを活用することが、うまく来場者を自社の展示会ブースに誘導することにつながれば、活用も手である。

単純に大企業がやっているからといって、中小企業も同じように行っても効果は出ないということを肝に銘じてほしい。

安易に、きれいなお姉さんを並べておけば、自社の展示会ブースに立ち寄るだろう、と考えることはやめよう。

成果が出ない会社④／わざわざ悪い場所に出展！

「展示会で成果が出ない会社に共通する5つのこと」の、4つめは、「わざわざ悪い場所に出展！」である。

ここで言う「悪い場所」というのは、いわゆる来場者があまり通らない場所、人通りが少ない場所、という意味である。

来場者は、必ずしも事前に下調べして、狙いを定めて展示会ブースを訪れることは少ない。

むしろ、ほとんどの来場者が、展示会を歩き回って、目に付き興味を抱いた展示会ブースに立ち寄ることを繰り返す。

ただ、時間も限られているし、歩き回ると疲れもする。

歩き回れば回るほど、注意力も散漫になるので、目に入る範囲で、よほどインパクトのある展示会ブースでない限り、立ち寄ることはない。

展示会を端から端まで、１つの通りも漏らさず、練り歩く来場者はいるだろうか。

いや、少ないだろう。

たいがいは、お目当ての展示会ブースをいくつか回った後、縦や横に走る大通りを中心に歩きながら、適度に展示会ブースに目をやりながら、見て回る。

そして、１つひとつの展示会ブースを熱心に見るというよりも、なんとなく見て回るという程度ではないか。

そうすると、わざわざ狭い横道に入ってくることも少なければ、そこにある小さなブースに立ち寄ることも減るだろう。

つまり、場所が悪ければ、立ち寄る確率が減るということだ。

ところで、飲食店の成功要因の１つとして、立地と聞いたことがあるだろう。

あのマクドナルドの強みの１つとして挙げられることに、出店場所を精査するための、膨大なデータベースがあると聞いたことがある。

例えば、都心型のお店であれば、出店場所前の通りには、通行人が何人行き交うのかがわかるという。

もしくはロードサイド型のお店であれば、出店場所前の道路には、どれだけの自動車の交通量があるのかなどがわかる。

マクドナルドはそれらのデータを持っており、どこに出店すれば、どれだけの売上を見込めて採算が合うのかを計算できるという。

いやいや、人通りの悪いところでも、繁盛している飲食店もある、と反論があるかもしれない。

そして実際に存在するだろう。

しかし、そのようなお店は、他店との相当な差別化があるか、リピート客をがっちりつかむような接客や施策などを行っている。

そのようなことも踏まえずに、単に賃貸料が安いだけで出店すると、たいがい痛い目に合う。

早いもの勝ち！

展示会も同様の論理だ。

できるだけ、人通りの多い場所に出展することを目指すべきである。

しかしそんなことはわかっている、と声が聞こえてくる。

大きな予算を使って、多くのコマ数（コマとは展示会ブースの大きさ：多くの場合１コマが３ｍ×３ｍ）を買えば、そりゃよい場所に出展できると考えるだろう。

もちろん、その通りである。

しかし、それだけの予算を割ける中小企業は少ない。

ではどうしたらよいのだろうか。

あなたが、これまで展示会に出展してきたとしたら、よい場所に出展できたときもあれば、悪い場所に出展した場合もあるかもしれない。

仮に同じ大きさのコマで出展しても、よい場所と悪い場所とがある。

当然、人通りのある場所がよい場所で、人通りのない場所は悪い場所である。

人通りがあるかないかは、主催者側が準備している展示会の展示スペースの地図で、おおよそわかる。

縦や横に大きな通路が走っており、その大きな通路から、横道のように何本も通路がある。

大きな通路に面している場所や通路の角にあるような場所が、よい場所である。

一方で、横道に入るような狭い通路の中に位置する場所は、悪い場所である。

多くの場合、1コマの費用は、よい場所だろうが、悪い場所だろうが基本的に同じである。

ご存じのように主催者側は、そのよい場所と悪い場所を、企業を選別してあてがっているわけでもなければ、抽選で選ばせているわけでもない。

基本的には申込み順で、よい場所から埋まっていくのである。

あなたは展示会に赴いたときに、入り口スペース付近で、大々的に展示会スペースの地図に、赤いリボンが貼ってあるのを見たことがあるだろうか。

これは主催者側が、翌年や次回の展示会の出展スペースを販売しているもので、すでに販売された場所には、赤いリボンが貼り付けられている。

このことは何を示すかというと、早いもの順で、出展場所が押さえられていくということだ。

あれを見るに付け、主催者はうまいことを考えたものだなと感心する。

つまり、早く買わねばよい場所がなくなっていくよ、という購買者心理を煽っているのである。

行き当たりばったりで考えるな！

ところで、あなたはコンサートや演劇、映画などを見に行かれるとき、オンライン等でチケットを買う際に、座席表が出てきて、その中で空いている席を選ぶだろう。

その際に、同じ価格にもかかわらず、早ければよい席を買うことができ、遅ければ悪い席しか残っていないことがあるだろう。

それと同じ論理である。

つまり、同じ予算でコマを買うにしても、早く申し込めば、よりよい出展場所が選べ、遅く申し込むと、悪い場所しか残っていないことになる。

なぜ4つめとして、タイトルを「わざわざ悪い場所に出展!」と書いたかというと、早いもの順であることがわかっていれば、さっさと早めに申し込めば済むことだからである。

それを、出展しようかしまいかと、ただいたずらに時間が経過してしまい、結果として、出展しようと決めたときには、もうよい場所はなくなっている。

つまり、自ら「わざわざ悪い場所に出展」してしまっているのである。

ここでの問題は、プロモーション計画を立てていないことである。

思いつきで、出展を決めてしまったり(そのときにはすでに遅い)、プロモーション予算も立てていないので、何にどのぐらいかけるべきかを考えていない。

年間でのプロモーションの見込みを立てていれば、どの展示会に出展すべきかを精査しながら、早めに手を打てるはずである。

できることであれば、目星を付けた出展したい展示会には、事前に来場者として訪問すべきである。

どんな出展社が出ているのか、来場者はどんな人たちが来ているのか、どんな雰囲気で開催しているか、競合調査を兼ねて訪問すべきである。

出展は翌年の展示会にはなるが、１年間は準備期間と捉えて、色々な展示会を回り、自社に合う展示会を探していくのも手だろう。

そのようにして成功確率を上げていくのである。

わざわざ成果の出ない展示会に出展！

しかし、そもそも「展示会で成果が出ない会社」には、根本的な問題がある。

それは、出る展示会を間違えてしまっている、ということである。

「わざわざ悪い場所に出展！」以上に、「わざわざ成果の出ない展示会に出展！」と言うべきかもしれない。

自分たちが狙いたい見込客が来場していない展示会に、なんとなくテーマが合うから、という理由で出展してしまうのである。

ここでの問題は、自社が狙うべきターゲットとニーズが明確になっていないことである。これらが明確になっていなかったり、ずれると、せっかくお金をかけても見込客はほとんど集まらない。

例えば、本来は、ＢｔｏＢを攻めるべきビジネスなのに、ＢｔｏＣばかりが集まる展示会に出てしまっていたりする。

またはＢｔｏＢでも、業界的には間違っていないのだが、ターゲットをよく分解していくと、狙うべきターゲットがまったく訪れないような展示会に出展してしまったりしている。

特に手が付けられないのが、社長が、その展示会に出展しようと興奮して決めてしまって、周りの方々が止められないケースである。

もちろん、周りの方々は仕事なので、社長命令とあらば展示会に馳せ参じ、一生懸命、接客しようとする。

しかし、手応えもなければ、名刺も集まらない。

そのようにして、無駄な時間とお金が浪費されているのだ。

あなたにも、心当たりはないだろうか。

本当に、その展示会に出展して大丈夫か

展示会に出展するときは、その展示会が自社に合っているかどうかを、よくよく検討する必要がある。

ここで、展示会には、いくつかの類型があるので紹介したい。

１つは、東京ビッグサイトや幕張メッセで行われるような全国もしくは世界を対象とした大きな展示会である。

それらは、多くの場合、自動車、食品、精密機械など、業界や業種で絞られた大型の展示会である。

2つめは、その業種や業界で絞った展示会を、名古屋、大阪、福岡、など各地方都市で開催されるケースである。

これらは、むしろ、その地域周辺の企業に来場してもらうことを目的としている。

3つめは、各地方都市で独自に開催される展示会もある。

出展社も来場者も、その地域に限定されており、全国規模を対象としたものではない。

県や市、町、または商工会議所や商工会などの公共機関、もしくはそれらに準ずるような団体が主催者として開催するケースもあり、出展費用も、大型の展示会に比べれば比較的、安く済むものが多い。

4つめは、食品業界などで多いが、その業界の卸売事業者が主催する展示会もある。出展社は食品メーカーで、来場者は小売業のバイヤーである。

5つめは、各金融機関が主催する展示会である。金融機関の顧客を呼んで、マッチングなどの取り組みを支援するものもある。

6つめは、業界、業種をさらに絞った、いわゆる愛好家などが集まるような非常にニッチな展示会もある。

7つめは、海外で開催される展示会である。海外に進出を目論む企業にとっては、それらの展示会が大きな足がかりになるだろう。

いずれにせよ、どの展示会に出展するかによって、成果が大きく変わってしまうので、出展する際には、しっかり下調べして、自社のターゲットにふさわしいかどうか、注意深く検討してほしい。

当社のある顧客も、全国規模の大型の展示会が有名だからといって出展を検討していた。しかし、よくよく話を聞いていくと、自社でサポートできる範囲が全国対応ではないことがわかった。

業界では有名な展示会だからと言って、安易にその展示会に出展すればよいというものではない。

また、大きな展示会に出れば、来場者もたくさん来るだろうということだけで、適当に決めて出ればよいというものではないのである。

結局、その顧客は、色々な展示会を検討した結果、業種に合った、ある地方で行われていた小規模な展示会に出展し、その顧客にふさわしいターゲットの見込客をどんどん獲得することができた。

特に、初めて出展を検討している方には、この展示会がよいとか、これまである程度、出展を重ねてきた方にとっては、この規模の展示会がよいとか、それぞれにふさわしい展示会がある。

その会社のこれまでの出展経験や企業規模、ターゲット、業種、商品やサービス、技術、事業内容などを踏まえて、どの展示会に出たほうがよいか、当社のセミナーでも質問を受けることがある。

どの展示会へ出たほうがよいかの判断は難しいため、お金や時間を無駄にしないためにも、慎重に選定する必要があるのだ。

県や市に頼りすぎるな！

「わざわざ悪い場所に出展！」について、もう1つ。

食品やものづくり系の展示会に訪れると、よく県や市が取りまとめている合同出展ブースを見かける。

大きなパネルなどのスペースに、大きく○○県ブースと書いてあり、細切れのように、小さい展示会ブースがあって、それぞれの上部パネルに、たいがい企業名が書かれている。パッと見れば、もちろん、○○県が取りまとめているブースということはわかるし、それぞれのブースの企業名も書いてあることは認知できる。

しかし、それ以上はない。

どういうことかと言うと、来場者が○○県や企業名を見て、果たして興味を持って展示会ブースを覗くか、ということだ。

○○県や○○市と書いてあって、なるほど○○県や○○市がつくった商品や製品であれば、ぜひ見ておかないと、となるだろうか？

ないしは、企業名を見て、○○会社がつくった商品や製品であれば見ておこうとなるだろうか？

そして、画一的に並べられたような展示会ブースから、何か魅力のようなものを感じるだろうか？

もちろん、その県や市の出身者や、その企業を知っている方などには、合同出展ブースに立ち寄ってもらえるかもしれないが、果たして狙っている新規顧客を、積極的に集客できるだろうか？


合同出展ブースに、企業が出展したい理由はわかる。

出展費用は、補助金として、県や市が全部と言えないまでも負担してくれるだろうし、展示会ブースの装飾などの準備も、それほど手間がかからないだろう。

それらは、県や市の担当者が枠組みを用意してくれるからだ。

しかし、仮にお金がそれほどかからなくても、そして準備にそれほど手間がかからなくても、少なくとも展示会開催期間中は、社員を張り付かせておかないといけない。

経営者は、その分の人件費をどう見ているのだろうか。


もちろん、見込客の獲得を目論んで出展しているのだろうから、最初から無駄なことをしようとしているわけではないはずである。

ただ、「補助金あるある」のように、補助金を使うことが目的になってしまって、肝心の成果につながらない施策をいくらやったところで、何の意味もない。

多くの県や市が主催する合同出展ブースというものは、企業自身がそれぞれ考えて出展しなければ、効果が低くなる。

しかし実際には、企業それぞれの訴求すべき展示コンセプトや、展示会ブース自体の独自性を打ち出していくことを考えていない。

これまでも何度か述べてきたように、訴求すべき独自性のある展示会コンセプトがなければ、来場者に強いインパクトを与えることができず、立ち寄らせるべき強い誘因にもならない。

企業それぞれが自ら何も準備せずに、合同出展ブースに出展してしまった場合、そのことが、「わざわざ悪い場所に出展！」につながっている可能性があることに、気づいてほしい。

合同出展ブースの活用実例

もちろん、合同出展ブースに出展したからといって、失敗するばかりではない。

当社の顧客に、補助金を活用して商品を開発し、この合同出展ブースに出展して大成功を収めた例もある。

その企業は、地方の製造業であり、既存事業が時代の波とともに縮小の一途をたどっていた。その時代の波は、小さな企業ではあらがえずに、事業が衰退していくことが目に見えていた。

当社とその企業の出会いは、ある地域の経営者団体が開催した講演会に、当社が呼ばれて講演を行ったときである。

講演をしているときに、最前列で、目を輝かせていたご婦人がいた。

講演が終わると、すぐに駆け寄ってきて、「ぜひ先生に当社の商品を見ていただきたいんです」と言って、後日、個別相談を行い、コンサルティングをすることになった。

その商品は、その企業にとっては、新規事業として新しい挑戦でもあったため、自治体の補助金を活用することになっていた。

開発中の商品を見てみると、特許を取得した技術も盛り込まれており、商品の機能自体はよかった。しかし、肝心の、誰のための、何のための、そして、何を訴求していくのかが不明確で、商品コンセプトが弱かった。

コンサルティングでは、この商品を「カテゴリーキラー」として改めて組み立て直し、商品コンセプトや商品ネーミングなども精査した。

そして、その商品を販売していくための販路開拓として、展示会に出展した。

補助金活用の一環として、その自治体の合同出展ブースに参加したのだ。

合同出展ブース自体は大きなものの、各企業にあてがわれた展示会ブースの大きさは、大人２人が入ればいっぱいになってしまうほどの、それはそれは狭い空間で、商品を陳列してしまえば、他は何も置けないほどのスペースしかなかった。

しかし、そのスペースを最大限活用すべく、展示会ブースの背後の壁と、展示会ブースの前面に、その商品コンセプトが伝わる大きなポスターとパネルを置き、商品も目立たせるように、山盛りにして展示した。


結果どうなったか。

その展示会ブースが狭かったせいで、展示会ブース内に人が入りきらないというのもあるのだが、行列ができるほどの人だかりができて、次々に名刺獲得につながった。

そして、この展示会出展が、販路開拓につながって、その商品は飛ぶように売れていき、この企業の本業を支えるような事業に育っていった。

このような実例を見ていくと、合同出展ブースであっても、しっかりと自社の独自性や展示会コンセプトを考えた上で打ち出していくことが、重要であることがわかるだろう。

県や市が出してくれる補助金をただ浪費し、自治体に頼り切ってしまうのではなく、最大限に活用して成果につながるように、企業それぞれが真剣に考えてほしい。

成果が出ない会社⑤／ケチり方が下手！

さあ、最後の「展示会で成果が出ない会社に共通する5つのこと」の5つめは、「ケチり方が下手！」である。

展示会に出展したことのある企業の社長であればわかると思うが、展示会出展には、それなりにお金がかかる。

展示会にかかる費用は、おおよそ次の通りだ。

- 展示会ブースのコマ費用
- 展示会への社員の出張費用
- 展示会ブースの施工費用

・展示会専用ツールなどの制作費用
・展示会来場を促すダイレクトメールなどのプロモーション費用

これ以外にも、社員の人件費も、展示会にかかる経費ではある。

しかし、基本的には人件費は固定費として計上されており、すでに日常的にかかっているものでもあるため、この展示会費用に算入しなくてもよい。


こうして見てみると、最低限かかる費用としては、
・展示会ブースのコマ費用
である。


この費用は、前述したが、多くの展示会では、１コマが３ｍ×３ｍであり、１コマに価格を付けて主催者側は販売している。

スペースを大きく押さえようと思えば、２コマ、３コマと、１コマ分のおよそ倍数で費用がかかってくる。

大きいスペースであれば、それなりにお金がかかるが、来場者からすれば大きく目立って、立ち寄ってくれる可能性が高まる。

一方で小さいスペースの場合は、費用は抑えられるが、やはり来場者からは発見されづ

らくなる。

そして、このコマの大きさに従って、展示会ブースの施工費用も、基本的には比例してくるので、大きなスペースであれば、施工費用も膨らむし、小さなスペースであれば、施工費用を抑えることができる。


これは予算に応じて考えていく必要があるが、基本的には、初めて出展する企業は、最初は、小さなスペースからスタートする。

そして、手応えを感じられるようであれば、少しずつコマ数を大きくしていき、より来場者に立ち寄ってもらうように改善していく。


展示会出展の運営ノウハウがあまり確立されていない段階で、無理して大きなスペースを押さえても、ザルのように見込客を獲得できない可能性もあるので注意が必要である。

ケチり方がうまい社長は、展示会の情報や展示会のやり方などの情報収集に時間をかけて、成功確率を高めるための準備をしっかりする。

そして小予算からテスト的にスタートして、成果につながれば、多くの予算をかけていくことを考える。

ケチるところはケチってよい！

「展示会への社員の出張費用」は、どうだろうか。

当然、展示会場所がその企業から離れていなければ、かからないものなので、換算する必要はない。

展示会の多くは、東京周辺で開催される。東京ビッグサイトや幕張メッセである。東京都や神奈川県、埼玉県、千葉県あたりの企業であれば、多くの場合、日帰りできる距離なので、交通費や宿泊費などを考えなくてよいだろう。

一方で、それ以外の場所にある企業の場合は、やはり日帰りできる距離でなければ、宿泊費や、距離も遠ければ、交通費もかかる。

その場合は、展示会に参加させる社員が多ければ多いほど、その経費は膨らむ。

そのため、無駄に多くの社員を参加させるのも考えものである。

「使えないヒトだらけ!」の項でも書いたように、役に立たない社員を多く参加させても、無駄に経費がかかるだけである。

それよりも、少数精鋭で、その展示会に本当に役に立つ人間だけを参加させることを考えるほうが、それらの経費も無駄にかからずに済む。

そのためにも、入念な準備が必要である。

そして、本当にケチり方がうまい社長は、それだけではない。

これは、展示会場までの距離にもよるので一概に言えないが、展示会に参加させる社員をバンに乗せて、来る社長がいる。

このような社長は、ただ単に交通費をケチっているわけではなく、自動車での移動時間を、展示会の打ち合わせ時間に使っているのだ。

移動時間も社員に給料を払っているのであれば、それを打ち合わせの時間に変えない手はない。

行きには、展示会での見込客獲得までの導線の最終確認をしてもいいし、帰りは帰りで、展示会の振り返りを行う場にしたっていい。

展示会の行き帰りこそが、展示会をよりよくしていく会議の場となる。
ケチり方がうまい社長は、意図を持ってケチることが上手なのだ。

ケチりすぎるなれの果て

残りの、
・展示会ブースの施工費用
・展示会専用ツールなどの制作費用
・展示会来場を促すダイレクトメールなどのプロモーション費用
の３つに関しては、企業がどこまで、それぞれを重要視してお金をかけるかによって、全体の予算が大きく変わってくる費用となる。

この中でも、特に費用をかけるかかけないか、それぞれの企業によって変動するのが、「展示会ブースの施工費用」である。

そして、一番、ケチりがちな社長がやってしまうのは、この「展示会ブースの施工費用」をケチってしまうことである。

たまに、展示会ブースの1コマ（3m×3m）の白い壁に囲まれて、椅子と机を置いて、社長と思わしき人物が、ぽつんと座っているケースがある。

展示会ブースの装飾はといえば、白い壁にポスターが1枚貼り付けてあり、机の上には、手づくり感のあるチラシが所狭しと並んでいる。

遠くから見ると、周りの喧噪とはかけ離れ、寂しそうな雰囲気さえ出ている。

「誰か寄ってこないかなぁ」

と、社長の心の声さえ聞こえてくるようだが、その声もよそに、まるで何も存在しなかったかのように、来場者は前を通り過ぎていく。

そのようなわびしい展示会ブースを見ると、何か声をかけたくなるものだが、別に見込客として訪れているわけでもないので、かえって迷惑になると思い、そっとしておく。

この展示会ブースで、ぽつねんと3日間を過ごすのかと思うと、かわいそうに、と思うのだが、これも自己責任で致し方がない。

ケチりすぎるなれの果てとはこういうものかと、一人得心する。

展示会の出展目的は何だろう

展示会に出る目的は何だろうと思い返せば、当然、１件でも多く見込客を獲得することである。

展示会ブースのコマ費用をせっかく支払って出展しても、展示会ブースの装飾をしなければ、来場者が立ち寄ることはない。

それはまるで、机と椅子しかない殺風景な飲食店を開業するようなものである。

展示会ブースに立ち寄らせることを考えると、何のブースかを示す装飾が必要だし、入りやすい雰囲気を演出するというのは、来場者の立場になればわかることだろう。

しかし、いざ出展社側になると、展示会ブースの施工費用をケチってしまう。

なんとかお金をかけずに、自分たちでできる範囲の装飾でやろうとしてしまうのである。

もしくは、最低限の装飾プランを採用して、簡素過ぎる展示会ブースにしてしまって、何の味気のないものに仕上がってしまう。

1件でも多くの見込客を獲得することが目的であるのであれば、ケチりすぎてしまうことで、その目的が達成できなくなる。

もちろん、だからといって、展示会ブースに過度なお金をかけて装飾すればよいということではない。

これもよくあることだが、思い切って展示会ブースの装飾にお金をかけて、展示会ブース施工会社に、企画から施工まで丸投げでつくってもらう。

社内では、かっこいいブースができたと喜んでいるのだが、肝心の見込客が立ち寄らない。

立ち寄らない理由の1つに、出展する企業や商品内容によっては、かっこよすぎると、かえって来場者が入りづらくなることがある。

また、かっこいいブースをつくる展示会ブース施工会社の中には、デザイン面でのこだわりが強くなってしまい、キャッチコピーなどを大きく掲げづらくなり、結果として、展示会ブースとしての訴求力が落ちることがある。

ただお金をかければよいということでもないのだ。

展示会は一期一会の場と心得よ！

「展示会ブースの施工費用」以外でも、ケチってしまうのは、「展示会専用ツールなどの制作費用」だ。

お金がもったいないからと言って、ありものの会社パンフレットに、社員お手製の商品チラシを準備して、配布しようとする。

展示会というものは、一期一会の場である。

来場者は、基本的に見ず知らずの企業にやってくる。

そのとき、展示会ブース装飾やスタッフの対応もさることながら、来場者の手元に残るツールとして、それらのパンフレット類がみすぼらしかったら、どんな印象を抱くか想像したことがあるだろうか。

展示会の一連の対応とは、一種のおもてなし、と考えてもよいぐらいだ。

また「展示会来場を促すダイレクトメールなどのプロモーション費用」もケチりがちだ。

もし展示会に来てほしい見込客がいるのであれば、しっかりとお手紙と案内状を送る。

さらに、メールや電話などでもお誘いすべきである。


ここでのポイントは、しっかりと時間をかけて準備をし、お手紙に、出展する展示会の自社のコンセプトや商品が、魅力的に伝わるように最大限努力することである。

主催者側から配られた案内状を、見込客にただばらまくだけでは反応は薄い。

もし、見込客が来場する前から、自社の展示会コンセプトや商品に興味を持ってもらえていたら、当日のセールスがどれだけ楽になるか想像してもらいたい。

まず、この5つのことはやめよう！

さて、「展示会で成果が出ない会社に共通する5つのこと」を、あなたの会社に当てはめてみると、いかがだろうか？

おさらいすると、次の通りである。

①「スケベ心がまる見え！」……様々な商品やサービスを売り込もうとすること
②「使えないモノだらけ！」……不必要な備品などを展示会ブースに置くこと
③「お姉さん、きれいすぎ！」……安易にコンパニオンを活用しようとすること
④「わざわざ悪い場所に出展！」……申込みが遅く人通りが少ない場所に出展すること
⑤「ケチり方が下手！」……展示会ブース施工費などを極端にケチってしまうこと

この5つのことをやらないだけでも、ずいぶんと成果につながっていく。

あなたが、せっかく開発した新製品や新サービス、新事業も、このような成果の出ないやり方をしていたら、展示会に出ても何の収穫もない。

そして、あなたの新製品や新サービス、新事業が、何年か経ってからでは、ニュース性もなくなってしまい、非常にもったいないことをしていることに、早く気づいてほしい。

せっかくのお披露目会も、閑古鳥が鳴いていたら、心には寒風がビュービューと吹き込んでくるだろう。

ちなみに、当社では、展示会に向けた出展準備に、およそ6か月の期間を設けて、取り組んでもらっている。

もちろん時間をかければよいということではない。

しかし、何の準備もなしに、もしくは成果の出ないことばかりをやってしまっているのに、気づかずにいることが、お金と時間を、非常に無駄にしてしまっている。

しっかりとした準備こそが、成果を生み出す最良の方法なのだ。


さて次の第4章から、いよいよ「マグネット展示会営業戦略」について、お伝えしていきたい。

この「マグネット展示会営業戦略」とは、そもそも展示会出展に際して考えるべき7つの重要な要素として、体系化したものである。

そして、いかにして見込客がドンドン吸い寄せられる展示会をつくるのか、を示したものでもある。


展示会出展に際しては、知っておくべき重要なステップと、そのステップごとのノウハウが存在する。

そのことがわかった上で出展するのと、知らないで出展するのとでは、成果に大きな違いが出てくる。

第4章　看板商品を成功させる「マグネット展示会営業戦略」の進め方

マグネット展示会営業戦略とは何か

展示会出展にあたって、考えていくべきことは何か。

このことについて、当社では「マグネット展示会営業戦略」と名づけてお伝えしている。

マグネットとは、その言葉通り、磁石のことである。

磁石は、その磁力によってモノを引き寄せる。

このことを展示会に置き換えれば、見込客がドンドン吸い寄せられる舞台装置、というわけである。

そしてマグネットを、英語の文字に一文字付け加えて、自社独自の観点から展示会で考えるべき重要要素について、体系化した。

マグネット＝「ＭＡＡＧＮＥＴ」である。

本来は、マグネットは「ＭＡＧＮＥＴ」と6文字で表記されるのだが、ここではあえて

Aを1つ多く含めて7文字で表記している。

①M：Main Product（メインプロダクト）展示会で訴求するメイン商品
②A：Action Plan（アクションプラン）展示会企画書の作成
③A：Attractive（アトラクティブ）展示会の魅力的な訴求方法
④G：Good Experience（グッドエクスペリエンス）展示会での顧客体験
⑤N：New Prospect Tool（ニュープロスペクトツール）新規見込客用ツール
⑥E：Entry Profile（エントリープロファイル）見込客情報の登録
⑦T：Training Customer（トレーニングカスタマー）顧客の育成

この7つの文字がどのような意味を持つのかを順番に説明していくのだが、第4章では、まず前半部分として、展示会開催までに取り組んでいく、①〜③をお伝えしていく。そして、後半部分として、展示会の会期中および展示会後に取り組んでいく④〜⑦を、第5章でお伝えしていく。

また、合わせて第1章で紹介した、K社が取り組んだ内容についても、①〜⑦の順に沿ってお伝えしていこう。

マグネット展示会営業戦略①／メインプロダクト

「マグネット展示会営業戦略」の中で、一番重要な要素は、①M：Main Product（メインプロダクト）展示会で訴求するメイン商品である。

展示会においてメインで訴求していく商品やサービス、技術、事業を何にするのか。

もちろん、これは展示会にかかわらず、企業が日頃営業する中でも特に重要な戦略商材でなければならない。

まさに、それが企業の看板商品、看板サービス、看板技術、看板事業であり、当社がお伝えしているところの、「カテゴリーキラー」となる。

当社のコンサルティングにおいて、展示会出展にあたって、まず行うことは展示会ブースをどうするか、を考えることではない。

展示会では、この「メインプロダクト」から考えていくのが、取り組みの最初のステップである。

売り出したいと考える商品、サービス、技術、事業について、そもそも、誰の、どんなニーズに、どんな価値を提供できるのかを考えることである。


では、第1章で紹介したＫ社のケースで、この「メインプロダクト」について見ていこう。

最初に、Ｋ社の取り扱っている、いくつかの商品についても、どんな特徴があり、どんなことに役立つかを検証していった。

展示会において、自社が取り扱っている商材を総花的に並べ、豊富な品揃えをアピールしても、残念ながら多くの場合、来場者に刺さらない。

そのため、その中でも特に、ターゲットに刺さる商材に絞っていくプロセスが必要だ。

ただ、ここでも注意が必要なのは、ただ絞ればいいというわけではない。何が一番刺さるのかを考えないといけない。

つまり、自社の看板商品となりえるものかどうかを検討しなければいけない。

そして展示会において、その看板商品となりえるものを、展示会の出展企業の中で、新しいカテゴリーが出てきた、または差別化されたものである、と来場者に認識させなければ、埋もれてしまう。

それにしても、なぜそうしてまで自社の看板商品を考えなくてはいけないのか？

なぜ、新しいカテゴリーを感じさせるものや、差別化されたものを考えて、埋もれてしまわないようにしなければいけないのか？

ここで、展示会の来場者の視点に変えてみよう。

そもそも、どんな目的で展示会に訪れるのだろうか？

いくつかの目的が考えられるが、展示会に来る一番大きな目的は、何か自社の役に立ちそうな商材を探しに来ることだろう。

その他にも、ある業界の勉強のためであったり、もしくは、今後自社が展示会に出展するために、どんな企業が出展しているのかを参考として見に来る方もいるだろう。

ただ多くの方の目的は、自社の役に立つ商材、とりわけ目新しいものであったり、他にはなさそうなものを探している。

もちろん、どこかお目当ての企業を訪問する場合もあるが、それも済めば、フラフラと展示会場内を歩いて、何かよさそうなものはないかと見て回っている。

その場合、すべての展示会ブースを回るにはあまりにも時間がかかるので、展示会ブースを1つひとつじっくりと見ていない。

よって1つの展示会ブースを見る時間は、前にもお伝えしたように、0・3秒前後である。そんな中で、自社の展示会ブースに目を止めてもらう必要があるのだ。

ただ目立てばいいというものではない。

必要としている方に、しっかりと認知してもらうことが重要である。

こうして考えると、いかに展示会ブースを魅力的なものにしていく必要があるかがわかるだろう。

そして、それはそもそも自社で「売り」にしたい商品、サービス、技術、事業が、トンガリを持ったモノでなくては、ならないのだ。

つまり、自社の看板商品、看板サービス、看板技術、看板事業であり、「カテゴリーキラー」である必要がある。

そのためにも、自社商品を検証していくことが必要になる。これには少なくとも次の2

つの視点は外せない。

商品や市場の選定を安易に決めてはいけない

1つは、もちろん顧客の視点である。
顧客に、その商材に対するニーズはあるのか？
また、そのニーズをもつ顧客はいるのか？
といったことを考えることである。

もう1つは、競合の視点である。
絞ったその商材の、競合環境はどうなのか？
多くの競合がひしめきあっているのか？
それとも、強い競合が存在するのか？
このような視点で、どの商品に絞るのかを決定していく。

例えば、あなただったら、次の問いについて、どちらの商品を選ぶだろうか？

Ａ．見込となる顧客は多く存在し、ニーズは強く顕在化しているものの、競合が多く存在する商品。

Ｂ．見込となる顧客は少なく、またニーズも弱く潜在的であるが、競合は少ない商品。

この問いは、中小企業にとって難しい。

Ａの市場は、ニーズが顕在化しているため、比較的、顧客の関心も高く、売上も立ちやすいと考えられる。

しかし、レッドオーシャン市場であり、競合との価格競争に陥りやすく、利益率は悪くなりやすい。

Ａの処方箋の１つとして考えられることは、見込となる顧客を細かく分けて、一番お役に立てそうな顧客を探して、絞り込むことである。

このようにすると、競合が少なくなるか、参入してきても、あまり多くの売上が立たないため、特に多くの売上を効率的に獲得していきたいと考える大企業は参入しづらくなる。

一方で、Ｂの市場は、競合が少ないことを考えると、先んじて参入すれば、市場を獲得していけそうだが、実は、潜在的なニーズを掘り起こしていくのには、時間もかかれば、お金もかかる。

そのため中小企業が安易に参入すると、なかなか立ち上がらない市場において、資金も枯渇していき、いつまで経っても売上の上がらない状態が続く。

それでも、見込となる顧客に、そのニーズを気づかせることができて、かつ、競合もしばらくは参入してこないとすると、ブルーオーシャン状態が続き、ある程度の粗利を確保しながら、その市場を独占的に支配することができる。

もちろん、競合だって、ただ手をこまねいて待っていないため、彼らもそこに新しい市場があることに気づけば参入してくるのだが、それまでの間に、しっかりと、その市場におけるブランドを確立していく方向に持っていくのが手である。

このように考えると、実は、このAかBかという単純な選択だけで商材や市場を決めることは難しい。

このことは、コンサルタントである我々にとっても簡単な選択ではない。

もちろん、一点突破で大きく成果を望むには、Bのほうが大きく飛躍する可能性があるだろう。

その理由は、やはり競合の少ないトンガリのある商品は市場では目立つからである。

とは言っても、当社では、まずはその企業の持つ商品の販売可能性という風呂敷をできるだけ広げる。

そして、現実的に売上が上がる市場の仮説の全体感を描いてから絞り込む、というプロセスを取り、最終決定を行っていく。

そのためＡの場合をカタチにして、うまくいくケースも多い。

いずれにせよ、この選択を誤ると、成果になかなかつながらない。

取り組みに焦らない勇気

このようなプロセスに時間がかかることに対して、多少のいらだちを感じる経営者は少なくない。

魔法のように、パッとやってサッと売上が上がることを期待してコンサルティングを依頼している方も中にはいる。

しかし、そんな簡単に物事が進めば、競合他社の誰かがすでにそのことを実践しているだろうし、経営者本人もすでに気づいて実行しているだろう。

遠回りのようだが、できるだけ論理的に積み上げて考えていかないと、成功にたどり着かない。

経営者のセンスで成功している方も中にはいるだろうが、その多くの場合、大量の失敗を重ねながら試行錯誤して、10に1つでも成功を掴むといったやり方で進めている。

経営者によって進め方ややり方はもちろん違うので、絶対正解があるわけではない。

もちろん最後は、実行してみないとうまくいったかどうかの判断はできない。

しかし、机上の空論であっても、仮説の段階でうまくいきそうにないものは絶対にうまくいかない。

そのため、当社の場合、仮説の精度をできるだけ高めることに注力する。

K社長の場合、すでに3年もの間、展示会において、言い方は悪いが、ドブにお金を捨てるようなことをやってきてしまっていたため、焦らず腰を据えてやろうという気持ちがあった。

そうして、いくつかの市場と商品を選定していくと、これまで一番進めようとしていたオフィス向けの商品では、すでに競合が乱立しており、すでに価格競争に陥っていた市場だということがわかってきた。

一方で、これまであまり着目していなかった工場向けの商品について、その市場性を調べていくと、今すぐ顕在化しているニーズがあるとは言えないものの、いずれ必要性を感じる顧客が増えていく市場であることがわかった。

またこの工場向け商品の競合環境も調べていくと、その市場における競合商品はいくつか見つかった。

しかし、競合他社の販売活動を確認していくと、まだそこまで力を入れているような状況ではないこともわかった。

このように、丁寧に検討していくと、次回の展示会に向けて、誰の、どんなニーズに、何を提供していくべきかが見えてきて、何を自社の看板商品として立ち上げるかも決めることができた。

つまり、K社にとっての「メインプロダクト＝カテゴリーキラー」が決定した。

マグネット展示会営業戦略②／アクションプラン

さて、ここまでたどり着いても、実は、まだ展示会ブースの設計には入らない。

次にやるべきことは、展示会出展の企画書をまとめることだ。

つまり、先述した「マグネット展示会営業戦略」のうち、「ＭＡＡＧＮＥＴ」の２番目、②Ａ：Ａｃｔｉｏｎ Ｐｌａｎ（アクションプラン）展示会企画書の作成を行うことである。


では何を展示会企画書としてまとめるのか？

それは、展示会に出展する目的や目標は何か、誰の、どんなニーズに、何を提供するのか、これらのことを明らかにして、明文化しておくことである。

しかし、この企画書づくりをしない企業が意外と多い。

そもそもつくり方がわからないこともあるのだが、つくること自体、面倒に感じるようである。

とりあえず出展すれば顧客獲得ができるはずと思う方も多いのだろうが、夢物語ではないのだから、だいたいうまくいくはずがない。

ほとんどの企業が、この企画書の準備をせずに、自社商品を並べるだけ並べて、前面に会社名を掲示しているだけである。

しかし、パッと見て何屋かもよくわからない展示会ブースに成り果て、これでは来場者が立ち寄るわけもない。

社内で、しっかりと企画を立て、紙に落とし、参加するスタッフへの理解を図り、意識を統一していく。

そして、展示会出展後、何がよかったのか、悪かったのか、企画書に書いた仮説を振り返るのにも、非常に重要な資料となる。

なぜ展示会企画書が必要なのか

あなたは、これまで実施した展示会出展の効果を検証したことがあるだろうか？

ＰＤＣＡという言葉は聞いたことがあるかと思うが、これは

Ｐ：Ｐｌａｎ（計画）

Ｄ：Ｄｏ（実行）

Ｃ：Ｃｈｅｃｋ（評価）

Ａ：Ａｃｔｉｏｎ（改善）

である。

何か物事を行う際に、計画して、実行して、評価して、改善する、という一連の流れを示したものである。

しかし、多くの企業が、Ｄｏ（実行）ばかりを行い、ＤｏＤｏＤｏとチャレンジはする

ものの、それがどれだけ効果があったのかを検証できていない。

なぜ、Ｄｏ（実行）ばかりをする企業は、効果検証ができないのだろうか。

それは、ＰＤＣＡの最初のＰ、つまりＰｌａｎ（計画）にある。

Ｐｌａｎ（計画）がなければ、その効果を計るための、Ｃｈｅｃｋ（評価）を行おうとしても、Ｄｏ（実行）によっての差分がわからない。

Ｐｌａｎ（計画）として、目標は○○のように考えたけれども、結果としては○○だったとする。

それをＣｈｅｃｋ（評価）したときに、目標を超えていたら、なぜうまくいったのか、一方で目標を超えなかったら、なぜうまくいかなかったのかを検証するのである。

そして、当然のことに、Ｃｈｅｃｋ（評価）できなければ、次のＡｃｔｉｏｎ（改善）につながっていかない。

そのためにも、展示会出展において重要なことは、Ｐｌａｎ（計画）である。

そして、これが、「マグネット展示会営業戦略」の
②Ａ：Ａｃｔｉｏｎ Ｐｌａｎ（アクションプラン）展示会企画書の作成

なのだ。

これがあることで、展示会出展というＤｏ（実行）の後に、実際にうまくいったのかどうかのＣｈｅｃｋ（評価）、そして、次の展示会出展のＡｃｔｉｏｎ（改善）につながっていく。


Ｋ社においても、それまでの展示会出展については、企画書をつくっていなかった。しかし、今回のコンサルティングを通じて、しっかりとした企画書を作成した。

そして、その企画書を元に展示会のブース案の方向性を考えて、展示会ブース施工会社に依頼した。


そうしたところ、前回とはまるで違うブース案が上がってきた。

会社名やロゴマークよりも、しっかりと、誰の、どんなニーズに、何を提供していくべきかが明確に提示されていたのだ。

これまでにはまだなかった、新しいカテゴリーを創出させる、他の展示会ブースとは差別化ができるだろうブースデザインになっていた。

展示会ブースデザインにおいても、展示会企画書の作成は必要不可欠なのだ。

マグネット展示会営業戦略③／アトラクティブ

そして、このブースデザインが、「ＭＡＡＧＮＥＴ」の３番目のＡである、③Ａ：Ａｔｔｒａｃｔｉｖｅ（アトラクティブ）展示会の魅力的な訴求方法のことである。

この魅力的な訴求については、大きく３つの要素からなり、ブースデザインはその１つである。

ではどんな３つの要素なのかを説明しよう。

それは、

Ⅰ．伝え方
Ⅱ．見せ方
Ⅲ．話し方

である。

まず1つめの「伝え方」。

この「伝え方」とは、展示会ブースにおいて、言葉として何を訴求するかであり、また最も大切なことは、展示会における一番大きく掲げるキャッチコピーである。

どんな言葉によるキャッチコピーで、この展示会ブースの魅力を一言で伝えるのか。

実は、「伝え方」＋「見せ方」＋「話し方」の3つの中で一番重要と言ってよい。

例えば、あなたが工場を経営する社長として、何か自社に役に立つものはないか、と来場者として展示会場を歩いているとしよう。

そのときに、次のような展示会ブースのキャッチコピーを見た際に、どちらのブースに惹かれるだろうか？

A　地球環境を救う　創業30年　信頼と実績の○○○（会社名）

B　新登場！　工場のエネルギー負担が2分の1になる！　○○○（商品名）

非常に単純化したキャッチコピーだが、明らかに関心を持たれやすいキャッチコピーは、Bのほうではないだろうか。

Aの場合、例えば、「地球環境を救う」という言葉の聞こえはいいが、他の企業でも伝えていそうなことである。

しかも来場者にとって「ひっかかり」がなく、結果、何も伝わってこない。

しかし、Bのほうは、具体的かつ来場者（その中でもターゲットにする方）へのベネフィット（顧客利益）をしっかりと伝えている。

このベネフィットを含めて、来場者にとって関心のある「ひっかかり」、つまり、足を止めたくなる理由を伝えていかないと、ブースの前を素通りされてしまう。

この「伝え方」1つで、来場者が展示会ブースに立ち寄るか否かの大きな違いを生み出すのだ。

実は、先述した

A　地球環境を救う　創業30年　信頼と実績の○○○（会社名）

B　新登場！　工場のエネルギー負担が2分の1になる！　○○○（商品名）

の選択肢は、K社のキャッチコピーで検証されたものである。

Aは、過去の展示会で使われてきたキャッチコピー、Bは、当社がコンサルティングを行って決定したキャッチコピーである。

表現は変えているので、そのままずばりの言い方ではないのだが、キャッチコピー1つとっても、まるで成果が変わってしまう。

これまでK社が、Aのキャッチコピーを使ってきた展示会では、第1章にも書いたように、名刺が数枚程度しか集まらず、集客に苦戦していた。

しかし、Bのキャッチコピーに変えた展示会では、そのブース前を通る来場者が、ピタリと足を止めて、反応しているのがわかる。

そして、そのキャッチコピーの意味を理解すると、展示会ブースに吸い寄せられるように中に入っていくのだ。

そうして、展示会ブース内は、常時、人があふれんばかりの状態となったのだ。

もし、あなたの展示会ブースで、1つのキャッチコピーを変えただけで、何千万円もの売上を生み出すとしたら……。

ぜひ、あなたの展示会ブースでも一言で何を訴求するかしっかりと検討してほしい。

展示会ブースの〇〇〇〇〇〇〇費用をケチるな

次に、２つめは「見せ方」である。

これは、主にビジュアル（視覚）面において魅力的に伝える方法である。

例えば、商品のイメージ写真を大きく掲載したり、展示会のターゲット層が関係あるような雰囲気を演出するための装飾を行ったりすることである。

いわゆる展示会ブースのデザインで、これまでも述べてきたが、このデザインも非常に重要である。

パッと見の印象で、来場者は立ち寄ろうか立ち寄るまいかを決めてしまう。

単に商品説明のパネルを貼っただけの簡易すぎるブースに、誰が魅力を感じて立ち寄ろうと思うのだろうか？

展示会に行くと、何も装飾されていない簡易的な展示会ブースも多く見かける。

出展ブースのコマ費用は最低限かかってしまうため、ケチることはできないが、展示会ブースデザインにも費用がかさんでしまうため、こちらをケチってしまう方が多くいる。

もちろんただ「ブースデザイン」費用にお金をかければよいというわけではない。

しかし、ＢｔｏＢビジネスの場合、顧客単価もさることながら、一度取引が始まれば、息の長い付き合いが続く場合も少なくない。

短期的に見れば、出展費用を回収できない場合もあるが、長期的に考えれば、回収できる見込みも立っていく。

つまり、長期的に費用対効果をしっかりと検証していくことが大切だ。

せっかく出展しても、そこで見込客を獲得できなければ、コマ費用でさえも無駄となる。


そこで、せめて展示会ブースに掲げる1枚の絵となるようなもの、これをキービジュアルと呼ぶが、これにはこだわって掲げてほしい。

それを、展示会ブースの壁に大きく貼りだしてもいいし、もしくは、タペストリーなどをぶら下げてもよい。

いずれにせよ、展示会ブースを来場者がパッと見たときに、強く印象づけるビジュアルにこだわることが重要である。

その1枚の絵＝キービジュアルがあるだけで、ずいぶんと印象も変わるのである。

以前、アメリカで、食品関係の展示会を視察したときのことである。

有名なブランドから、ベンチャーのような小さな規模の会社まで出展していた。

大手の企業はお金をかけて、ブースのコマ数の大きさもさることながら、展示会ブースの装飾もインパクトのあるものをつくっていた。

しかしながら、さすがベンチャーの国、アメリカである。

ベンチャー企業が集まる小さなブースエリアにおいても、各企業は、魅力的なキービジュアルが掲載されたタペストリーなどを後ろの壁に大きく掲げて、ブランドのコンセプトを訴求していたのだ。

決して、彼らもお金をかけているわけではない。

しかし、そのようなキービジュアルに力を入れることで、大企業のブランドに負けず劣らず、展示会ブース全体が、インパクトのある、ブランド感の引き上がった印象をもっていた。

ぜひ、あなたも、キービジュアルにこだわったブースづくりを行ってほしい。

展示会ブース施工会社の選定法

そして、展示会ブースのデザイン制作において大事なことが、展示会ブース施工会社の選定である。

この施工会社いかんによって、どんなに素晴らしいカテゴリーキラーとなる看板商品を持っていたとしても、魅力的に伝わる確率が下がってしまう。

ここでは簡単に展示会ブース施工会社の選定方法をお伝えしたい。

まず、できれば少なくとも3社には声をかけて、自社の展示会企画書をもとに、オリエンテーションを行う。

その際に、必ず施工会社の、過去のブースデザインの施工例や実績を提示してもらい、それらを参考にする。

もちろん、対面した施工会社の担当者のコミュニケーション力やレスポンスのよさ、また相性などもあるため、それらも勘案する。

そして、それぞれの施工会社から展示会ブースのデザイン案や見積書をもらって比較検討する。

その際に、提示した予算にもよるので一概に言えないが、施工会社を見極めるのに重要なことを2つお伝えしたい。

それは、デザインセンスと展示会企画書の理解力である。

まずデザインセンスについては、言わずもがなだろう。

パッと見て魅力的なデザインか。

ただ単に展示パネルを並べただけの、つまらない展示会ブースデザインになっていないか。

デザインセンスについては、もともとデザインセンスが低い会社に対して、いくらデザインを引き上げようとフィードバックしてもみても、たいがい引き上がらない。

そもそものデザインに対するセンスが低いからである。

そのため、デザインセンスを感じられる施工会社を選んでいくことが大切である。

展示会企画書の趣旨を理解してもらえるか

次に、展示会企画書の理解力である。

これもまた重要だ。

展示会企画書には、目的や目標、ターゲットやニーズ、また考えたキャッチコピー、そして、そもそもどんな商品やサービス、事業を展示会ブースで展示したいかが記載されている。

それらをもとに、何をどんな順番で、展示会ブースで訴求していくと、来場者を惹きつけることができるのか、また来場者の歩く導線はどうか、など、これらのことを考えてブースデザインを設計し、提案する力があるか。

ただ単に商品を並べただけの、またせっかく考えたキャッチコピーも、まるで反映されていないブースデザインを考えてくるような展示会ブース施工会社とは、お付き合いせずお断りするほうがよい。

これまでお付き合いのある施工会社もあると思うのだが、これを機会に、ネットなどでも探してみて、いくつかの施工会社にあたって検討してほしい。

Ｋ社においても、展示会ブースデザインについては、そうとう検証した。

以前からのお付き合いのあった施工会社から、当初上がってきた展示会ブースデザインは、デザイン的には悪くないのだが、展示会企画書の趣旨からずれていた。

そのため、改めて他の施工会社にもあたってもらい、３社で比較検討した。

最終的には、これまでお付き合いのなかった新しい施工会社の提案が、ブースデザインのよさと、展示会企画書の趣旨がしっかりと反映されていたことから、決定に至った。

展示会スタッフに絶対に持たせるもの

展示会では、お手製のチラシなどをつくって、スタッフが来場者に必死に配っている様子をよく見る。

もちろん、来場者に持ち帰ってもらうツールは必須である。

しかし、本来スタッフに持たせるべきなのは、配るチラシだけではない。

それが、
A：Attractive（アトラクティブ）展示会の魅力的な訴求方法の3つめ、「話し方」である。

この「話し方」を、ぜひスタッフの頭の中に持たせてほしい。


展示会ブースに立つスタッフが、どんな「話し方」で来場者と話をするかは、非常に重要なことである。

参加するスタッフには、しっかりとトークスクリプト（会話の台本）を準備して、事前にロールプレイングなどで練習してもらうのである。

では、なぜ、スタッフの頭の中に「話し方」を持たせておかなければいけないのか？

その理由は、「MAAGNET」の6番目の要素である、
⑥E：Entry Profile（エントリープロファイル）見込客情報の登録につなげるためだからである。

このことは、また後でも説明するが、「見込客情報の登録」とは、つまり来場者の名刺獲得やアンケートといった手法によって、来場者の顧客情報を集めていくことである。

これらがあって初めて、その後のフォローにもつながっていくのである。

しかし、多くの企業が、展示会ブースを出せば何とかなると思って、営業マンや展示会ブースのスタッフに何の準備もさせずに、お任せで立たせてしまっている。

社員に、展示会前に必ず力を入れてもらうこと

K社においても、これまでの展示会では、何の準備もせずに、ただ展示会ブースに立たせていただけであった。

しかし、当社のコンサルティング指導では、展示会ブースに立つスタッフが、入社して数年の、社歴の浅い社員も多かったため、準備する内容についてお伝えし、しっかりと準備してもらった。

特にロールプレイングには力を入れた。

会社の会議室内に、実際の展示会ブースデザインを想定して、テーブルや棚などを簡単に配置する。

そして、社員には来場者役とスタッフ役に分かれてもらい、来場者に歩いてほしい導線に従って、スタッフ役がどのように話しかけ、来場者とのコミュニケーションを取りながら、名刺獲得までもっていくのかの、一連の流れを練習してもらったのだ。

そうすると、机上でつくりあげたトークスクリプトが、いかにうまく話せないかがよくわかる。

イメージできると思うのだが、例えば書き言葉、いわゆる文章で書かれているものと、話し言葉、人と人とが話し合う実際の言葉とは、同じ言葉でも表現の仕方が違う。

そういったことも含めて修正していくのである。

また、事前に想定したトークスクリプトで実際に話してみると、流れがつっかかるところが出てくる。

そういったことも、実際にロールプレイングしてみると発見できる。

ロールプレイングは、人によって最初は恥ずかしく思うかもしれない。

しかし、慣れていくことが大切なので、展示会に参加するスタッフで何度も練習していくしかない。

さらに、これらのことは経験が浅いスタッフだから準備する必要がある、というわけではない。

実はベテランスタッフにおいても、一緒に準備を行ったほうがよい。

ベテランスタッフは、展示会におけるオペレーションや当日のトーク、そしてフォローも含めて、その場その場の対応しか考えておらず、組織的に、また体系的に、来場者に対応できていないことが多い。

これまでの長年の経験や知識が邪魔してしまい、逆に来場者を遠ざけてしまう方がおり、むしろ厄介な場合が多い。

例えば、以前のＫ社の展示会でもあったように、自社の展示会ブースに、来場者を呼び込もうと、一生懸命、展示会ブースの前に立って、声がけしながら、チラシを渡そうとする類いである。

一生懸命努力して売り込めば、わずかでも来場者は振り向いてくれ、買ってくれるだろうと期待しているのだ。そして、それを新人の社員にも強要する。

しかし、多くの場合が梨のつぶてで、ますます来場者は、売り込まれることを嫌がり、自社ブースから足が遠のく。

そのため、新人の社員だけではなく、ベテランスタッフ含め、展示会に参加するすべてのスタッフが、当日のオペレーションについても理解し、来場者の対応を行うべきである。

さて、ここまでで、「マグネット展示会営業戦略」の前半部分として、展示会開催までに取り組む

①M：Main Product（メインプロダクト）展示会で訴求するメイン商品
②A：Action Plan（アクションプラン）展示会企画書の作成
③A：Attractive（アトラクティブ）展示会の魅力的な訴求方法

について、お伝えしてきた。

展示会出展でこれだけたくさんのことを考えるとは、ずいぶんと大変だと思われた方もいるかもしれないが、成功確率を上げるためには入念な準備が必要である。

第5章では、「マグネット展示会営業戦略」の後半部分として、展示会の会期中および展示会後に取り組んでいく「MAAGNET」の④～⑦についてお伝えしていこう。

第5章

自動的に見込客を集め、大きな収益に変えていく仕組みのつくり方

マグネット展示会営業戦略④／グッドエクスペリエンス

第5章では、「マグネット展示会営業戦略」の7つの要素のうち、後半部分として④〜⑦の、展示会の会期中および展示会後に取り組んでいくことについてお伝えしていきたい。

①M：Main Product（メインプロダクト）展示会で訴求するメイン商品
②A：Action Plan（アクションプラン）展示会企画書の作成
③A：Attractive（アトラクティブ）展示会の魅力的な訴求方法
④G：Good Experience（グッドエクスペリエンス）展示会での顧客体験
⑤N：New Prospect Tool（ニュープロスペクトツール）新規見込客用ツール
⑥E：Entry Profile（エントリープロファイル）見込客情報の登録
⑦T：Training Customer（トレーニングカスタマー）顧客の育成

この「ＭＡＧＮＥＴ」の後半部分の４番目の要素、

④Ｇ：Ｇｏｏｄ Ｅｘｐｅｒｉｅｎｃｅ（グッドエクスペリエンス）展示会での顧客体験

からお伝えしていく。

この「グッドエクスペリエンス」とは、展示会ブースにおいて、来場者に何かしらの商品やサービスの体験を行ってもらうことによって、来場者との心理的な距離感をグッと近づけるための仕掛けである。

この展示会での顧客体験を設計することによって、名刺交換やアンケートといった来場者の顧客情報の獲得に、スムーズにつなげていくのである。

また、この「グッドエクスペリエンス」は、「ＭＡＧＮＥＴ」の３番目の要素、

③Ａ：Ａｔｔｒａｃｔｉｖｅ（アトラクティブ）展示会の魅力的な訴求方法

のうち、Ⅲのスタッフの「話し方」と合わせて設計していくのが好ましい。

スタッフの「話し方」が、この「グッドエクスペリエンス」である展示会での顧客体験に誘導していくようにしていくのだ。

では、「グッドエクスペリエンス」である展示会での顧客体験にはどんなものがあるだ

ろうか。

例えば、食品製造業であれば試食が考えられるし、他の製造業でも製品を触ってもらう、使ってもらうなど、顧客体験を通して、名刺交換などの機会が生まれ、見込客情報の登録にもつながる可能性が高まる。

もちろん業種によっては難しいケースもあると思うのだが、何かしらの体験を行うことで、スタッフと顧客との心理的関与度が高まり、名刺交換がしやすくなる。

顧客体験はできるだけ気軽に手軽に簡単なもの

この顧客体験は、できるだけ気軽に手軽に簡単に体験できるものがよい。

あまり時間がかかるもの、そして複雑だったり、手間がかかるものだと、面倒くさがられてしまう。

ここは参加する社員のアイデアの出しようで、どうしたら来場者に1歩前に進んでもらうための顧客体験を提供できるかに知恵を絞ってほしい。

しかし、このアイデア出しが、実は簡単そうで意外と簡単ではない。

Ｋ社の場合も、どうしたらその製品のよさが伝わるのか、そして気軽に手軽に簡単に顧客体験をしてもらえるのかを考えた。

Ｋ社の製品は、その機構を説明しようとすると、非常にわかりづらく難しいものであった。

しかし複雑なものや説明が必要なものであると、来場者も引きがちになってしまう。

そのため、Ｋ社の顧客体験においても、その製品の機構の詳しい説明というより、その特徴が端的に伝わることにフォーカスした。

まずは一番わかりやすいところで、自社商品と従来品の違いについて、比較検討してもらうことで、その違いを、顧客体験してもらうおうと考えた。

その違いは、自社商品と従来品の、それぞれのスイッチを入れてもらうことによって、端的に判別しやすいことがわかった。

スイッチを入れるだけ、ということであれば、来場者も簡単に顧客体験できる。

このような顧客体験を設計した結果、Ｋ社の展示会ブースは終始、人だかりができ、ひっきりなしの来場者への対応に、スタッフが追われることになったのは、うれしい悲鳴と言ってよい。

顧客体験によって「〇〇〇〇」をつくろう

人は、行列ができるところに行列したくなるように、人が集まるところに集まっていく習性がある。

「何があるんだろう」という好奇心が勝って、覗きに行ってしまうのである。

そしてまた、人が何かをしていて、楽しそうに、また驚いている様子を見ると、自分もその体験をしたくなる。

そうして人が集まる。

それが「にぎわい」をつくり出す。

人が人を呼ぶ顧客体験の提供こそ、展示会ブースの盛況感につながり、名刺交換機会が増えて、名刺が集まるのだ。

「にぎわい」のない展示会ブースは、どこか寂しさを感じさせる。

「にぎわい」があれば、どんどん人が集まるように、「にぎわい」がなければ、どんどん人の足が遠のく。

いかにして、この「にぎわい」を顧客体験でつくれるか、それが展示会ブースの勝負のしどころでもあるのだ。

最後に1つ。

顧客体験を設計するにあたって気をつけていただきたいのは、自社商材に関連のない顧客体験を設計して、人が集まり、にぎわっても何の意味もないことだ。

自社が、お客様にしたいターゲットとは異なるターゲットが集まって、仮にたくさんの名刺交換ができても、自社にとって価値のない無駄な名刺が増えるだけで、成約にはまったくつながらない。

しかも、お客様にしたくないターゲットの方への対応に忙殺され、本来、ターゲットにしたいお客様への接客が疎かになってしまう。

このことからも、何を顧客体験として提供するかを、よくよく検討する必要がある。意味や価値のある「グッド」な顧客体験を提供してほしい。

「グッドエクスペリエンス」という名前にしたのは、この理由からである。

マグネット展示会営業戦略⑤／ニュープロスペクトツール

「顧客体験」に合わせて、来場者に渡してもらいたいのが、「MAAGNET」の5番目の要素、

⑤N：New Prospect Tool（ニュープロスペクトツール）新規見込客用ツール

である。

「Prospect」とは、ここでは「見込客」を意味し、ニュープロスペクトツールとは、「新規の見込客へ渡す道具＝新規見込客用ツール」と考えてもらいたい。

この「新規見込客用ツール」は、来場者が帰社してからも、じっくり商品やサービスを

検討してもらうために重要な道具だ。

代表的なものは、会社パンフレットや商品パンフレットであるのだが、それらは、いわゆるありきたりな会社案内、商品案内ではない。

会社案内、商品案内、と聞いて、そんなものはあるある、と思っていても、実は、それらは、何の役割も果たしていないことに、あなたは気づいていない。

では、どんな役割を果たすべきなのか。

ズバリ言えば、その会社や商品のパンフレットは、来場者が帰社し、来場していなかった上司などの手に渡ったとき、それらが、営業マンや誰かからの口頭による説明なしに、自社や商品の魅力を十分に伝える、という役割である。

多くの会社や商品のパンフレットが、会社の概要、商品の概要を伝えているだけで、それらの魅力が伝わっているとは言えない。

この「新規見込客用ツール」如何によって、成約確率がまったく違うものになってしまうことを重要視している経営者は非常に少ない。

いまだに営業マンがしっかりと説明すれば、ツールがなくとも相手は理解してくれるものだと思っているのだ。

しかし営業マンは、果たして自社の強みや商品の独自性をしっかりと説明できているのだろうか。

もちろん中にはできている方もいるかもしれないが、すべての営業マンが、それらのことを十分に説明できているとは言えないだろう。

そのため、この自社の強みや商品の独自性の説明を、営業マン任せにせず、標準化を図ることが重要である。

新人営業マンでも、ベテランの営業マンでも、一定の説明のレベルを整えていることに、経営者は投資していくべきなのだ。

さらに言えば、営業マンは、そもそも自社の強みや商品の独自性がわかっているのかどうかも疑問である。それらのことがわかっていなくて、何をどうして営業マンが説明できているのだろうか。

多くの場合、自社の強みや商品の独自性を説明せずに、商品の機能について説明している。

しかし、聞き手にとっては、それらのことは、ありふれた、どこにでもある商品の１つとしか聞こえていない。

自社の強み、商品の独自性、他社との違い、それらのことについてわかっていなければ、営業マンの説明にしても、パンフレットにしても、実はありきたりなものになってしまうのだ。

そして、もう１つ重要なポイントは、営業マンが介さないシーンでも、これらのパンフレットが、自社の強みや商品の独自性をしっかりと伝えることができているかである。

例えば、来場者と、来場していない上司とが話すシーンがあるとする。

いくらよい商品を展示会で見つけたと、来場者が上司に熱弁を振るっても、よほど説明のしやすい商品やサービスでない限り、その魅力が十分に伝わることはないだろう。

目の前の来場者のためだけではなく、このようなシーンまで思いをはせて、パンフレットを制作しなくてはいけない。

当社では、この自社の強みや商品の独自性をしっかりと伝えることのできるパンフレットを、「ひとり歩きできるパンフレット」と呼んで、どの企業にも、制作に力を入れてもらっている。

2大セールスツールとは

当社でも、パンフレットおよびウェブサイトは2大セールスツールと呼び、制作のサポートも行っており、とても重要視している。

特に展示会では、展示会ブースにおいて、商談にあまり時間が取れないぶん、持って帰ってもらうこの「ひとり歩きできるパンフレット」は重要なツールである。

過去に「ひとり歩きできるパンフレット」の制作をサポートしたある企業は、新規見込みとなる法人企業を開拓する中で、商談した担当者にパンフレットを手渡していった。

それらのパンフレットは、決裁者へと渡り、のちにその企業から、パンフレットの話を詳しく聞きたいと問い合わせが相次いだ。

繰り返しになるが、「ひとり歩きできるパンフレット」は、営業マンが語らなくとも、そのパンフレットだけで、その企業のことや事業、商品やサービスなど、特に、展示会で展示したものについて、その魅力が十分に伝わるように制作したものである。

これがなければ、来場者が、来場していない上司などに、どんなに口頭で説明しても、その魅力を、展示会に出展した企業の営業マン以上には語れない。

そして、もう1つ重要なセールスツールが、ウェブサイトである。

これは、展示会の場で活用するシーンはあまりないのだが、この「ひとり歩きできるパンフレット」を見た決裁者は、その後、もし興味を持てば、どれどれと言って、ネットで検索して、この企業のサイトを見に来る。

当然、パンフレット以上の情報を求めて、ウェブサイトを見に来るのだ。

どんな会社か、どんな強みがあるのか、取り扱っている製品やサービス、技術、事業はどのようなものなのか、そして、それらは実績が出ているのかどうかなどを調べにくる。

これらの情報が、企業情報のみといった、薄っぺらいものであれば、その決裁者は、とたんに興味を失い、問い合わせにつながることはないだろう。

ウェブサイトは、展示会出展にかかわらず、顧客獲得に向けた重要なツールであることは言わずもがなではあるが、その中身が、しっかりした内容でつくられていなければ、パンフレット同様、まったく意味の成さないツールになってしまう。

そのためウェブサイトについても、展示会に向けて準備できるように、制作を進めてほしい。

この「2大セールスツール」づくりに、経営者は、手間を惜しんではいけないのだ。

もう1つの、ニュープロスペクトツールとは

この「ニュープロスペクトツール」は、パンフレットやウェブサイト以外にも、活用できれば、すごいパワーを発揮するものがある。

それが「ノベルティ」である。いわゆる来場者プレゼントのことだ。

あなたも、展示会に出かけると、必ずと言っていいほど、色々な「ノベルティ」を展示

会ブースのスタッフから渡されるだろう。

中にはもらって嬉しいものもあると思うのだが、ゴミとして捨てられてしまうものも多い。

展示会ブースのスタッフからすれば、ノルマのように一生懸命、来場者に渡して、受け取ってもらうと喜んでいるのだが、もらったほうからすると、ただ迷惑でならないものばかりが手元に残っていることが往々にしてある。

また、来場者はもらって喜んでいるのだが、自社にとって意味がないものを渡しているケースもある。

例えば過去に、あめ玉やガムなど誰もが手を伸ばしてくれそうなノベルティを配布し、集客している企業があった。

しかし、飴やガムの食品製造業ならまだしも、全く関係がない業種だったので、これでは自社がほしい見込客集めにはつながらない。

重要なことは、展示会出展企業の商品に関連のあるノベルティを準備すること、である。

ここもアイデアの出しどころで、来場者がもらって嬉しく、また自社の商品やサービスに関連するものでいいノベルティが準備できれば、来場者に強いインパクトを残すことができる。

ノベルティ1つも、侮ってはいけないのだ。

例えば、想定したターゲットが抱える悩みを解決するノウハウが記載された小冊子を、ノベルティとして配布することも、やり方によっては有効だ。

アンケートと引き換えにプレゼントにすれば、見込客情報の登録に直結する。

小冊子の配布は、昔からある手法だが、ここでのポイントは、ぱっと見て、いかに来場者にとって魅力的なものになっているかという点と、読み物としての中身だ。

ターゲットの悩みに寄り添いつつ、訴求する商品（メインプロダクト）をほしいという気持ちになってもらう内容になっていなければ意味がない。

また気をつけてほしいことは、ノベルティは必ず必要なものではないということだ。

実際にK社は、過去、ボールペンやクリアファイルなどの名入れグッズの配布に力を入れていたが、やめてもらった。その理由は、顧客体験にフォーカスしたかったためだ。

あくまでも、全体の流れを考えて検討することが重要である。

最後に繰り返しになるが、展示会でのノベルティを考えることも重要ではあるものの、やはりその前に、2大セールスツールであるパンフレットおよびウェブサイトをしっかりと準備してほしい。

これは展示会出展のためだけではなく、日頃の営業活動においても、大いに武器となり得るものである。

それら武器がなくて、どうやって営業マンは戦いに行けるのだろうか。そして、見込客は、どうやってあなたの会社を見つけて、興味を持ってくれるのだろうか。

もちろん、それらは、ただ「ある」だけではなく、中身が十分に練られたものであることは、言うまでもない。

マグネット展示会営業戦略⑥／エントリープロファイル

展示会ブースに立つスタッフが、目指すべき1つのゴール、それが、「ＭＡＡＧＮＥＴ」の6番目の要素

⑥E：Entry Profile（エントリープロファイル）見込客情報の登録である。

エントリーとは、登録する、という意味で使っており、プロファイルとは、見込客の会社名、役職、名前、住所、電話番号、メールアドレスなどで、つまりは名刺に掲載されている情報のことを指している。

そして、基本的には、名刺交換をすれば、それらの情報が入手できる。あるいは、アンケートに答えてもらうことで、見込客情報の登録が可能となる。

ただ、あなたが来場者として展示会ブースを訪問したときに、ろくに話もせず名刺をくださいと言われたら、はいよ、とばかりに気軽に渡すだろうか。

むしろ、その厚かましさにイラッとする方もいるだろう。

さして話してもいないのに、いきなり名刺交換されるのも、相手にとって不快になるだけである。

そのため名刺交換は、めったやたらにすればいいというものではない。

また、相手のこともよくわからず、誰彼構わず名刺交換しても、それが後に有効な情報とはならない。

しっかりと、相手が何をしているのか、どんなことに興味を持ったのか、そして、どんなことに課題を持っているのか、そういった情報を聞き込みながら接客することが、非常に重要なのだ。

そのため、来場者に気持ちよく名刺交換してもらうには、やはり名刺交換に至るまでのプロセスを、しっかりとつくりあげておくことが必要だ。

その１つには、第４章で記載した、「ＭＡＧＮＥＴ」の３番目の要素

③Ａ：Ａｔｔｒａｃｔｉｖｅ（アトラクティブ）展示会の魅力的な訴求方法

のうち、展示会スタッフによる「話し方」は特に重要である。

この「話し方」を通じて、

④Ｇ：ＧｏｏｄＥｘｐｅｒｉｅｎｃｅ（グッドエクスペリエンス）展示会での顧客体験に誘導し、頃合いを見計らって、名刺交換を進めていくのである。

顧客体験まで誘導できた来場者は、よっぽどのことがない限り名刺交換を断ることはないだろう。

一方で、展示会スタッフの中には、名刺を交換するべきタイミングで躊躇したり、気後

れしたり、または名刺交換のタイミングがよくわからずに、来場者を取り逃がしてしまう方もいるかもしれない。

気後れしてしまう方にとっては、断られたらどうしようか、不快にさせたらどうしようか、と相手にどう思われるかを気にしてしまうあまり、名刺交換できない方もいるかもしれない。

しかし名刺交換は、見込客情報の登録という展示会のゴールの1つでもある。

そのため、展示会スタッフは、しっかりとロールプレイングなどで「話し方」を磨き上げ、ストレスなく名刺交換につなげる練習が必要である。

練習するからこそ、本番でも気後れすることなく名刺交換できる。

こうした設計や準備が展示会において非常に重要だ。

安易な考えで、展示会に出展しさえすれば顧客獲得ができると思って、多くの企業が出展するのだが、そう簡単には問屋は卸さない。

この展示会のプロセスを、それぞれの企業が具体的に考えていくことこそが、展示会出展の成否を握っているのである。

マグネット展示会営業戦略⑦／トレーニングカスタマー

さて、それでは「ＭＡＡＧＮＥＴ」の７番目の最後の要素「Ｔ」を見ることにしよう。

⑦Ｔ：Ｔｒａｉｎｉｎｇ Ｃｕｓｔｏｍｅｒ（トレーニングカスタマー）顧客の育成である。

これは、展示会終了後に、しっかりとした見込客フォローを行っていくことで、長期にわたってリレーションを取りながら、顧客に育てていく活動のことである。

展示会で獲得した名刺や、アンケートに掲載されている見込客情報を元に、見込客フォローを行う。

営業マンによるフォローの他、手紙やＤＭ、メールマガジンなどの手法を組み合わせて、見込客フォローを行うことで成約への検討機会を創出していくのである。

そのため展示会では、ただ名刺を多く獲得すれば終わり、というわけではない。

そこからいかにフォローして、見込客に、商品やサービスを購入してもらって顧客になってもらうことが重要である。

しかし実は、この見込客のフォローに力を入れている会社は少ない。

これまで展示会の取り組みについて多くの企業を見てきたが、それまでの展示会の取り組みを聞くと、多くの確率で、展示会で集まった名刺をしっかりと活用されていないことに驚く。

そして彼らは一様にこう嘆くのである。

「展示会に出てもあまり効果がなかった」と。

こういった嘆きは、展示会出展というプロモーション手法のみならず、様々なプロモーションでもよく聞くことである。

例えば、

・ウェブプロモーションを行っても効果がなかった。

・DM（ダイレクトメール）を出しても反応がなかった。

・テレアポも行ったが、たいした顧客獲得ができなかった。

などなど。
もちろん、その業種にあったプロモーションというものはそれぞれある。
しかし、1回や2回実施しただけで、プロモーション手法自体を否定してしまうのは、いかがなものかと思う。

実は、そのプロモーション手法自体には効果があっても、そのやり方や取り組みがしっかりなされていなければ、うまくいくものも、うまくいかない。

1つのプロモーション手法に対して、手を変え品を変えて、検証を繰り返していかなければ、そのプロモーション手法自体に効果があるのかないのかは、本来判断できないはずである。

展示会プロモーションにおいても同様である。
試行錯誤しながら顧客獲得の精度を高めていく根気も必要であるし、そもそも確率を上げていくための運用ノウハウがあるのであれば、それを活用しない手はないのだ。

特にたいしたフォローもせずに、「展示会に出てもあまり効果がなかった」と嘆くのは、あまりにもお粗末と言わざるを得ない。

展示会出展後のフォローの基本スタンスとは

展示会出展後のフォローの基本スタンスとは何か。

それは、ＢｔｏＢの場合、基本的に2～3年の時間軸で、営業も含めたフォローを行っていく、というスタンスが重要であるという点だ。

2～3年の時間軸でフォローを行っていく、と聞くと、そんなに長くフォローしていかないといけないのかと、驚く方もいるかもしれない。

では、なぜ2～3年の時間軸でフォローを行っていく必要があるのか、その理由を述べよう。

展示会出展した見込客の中には、「今すぐ客（今すぐ購入を検討する客）」と言って、購入を検討する担当者が展示会に訪れ、他社商品との検討を行って、すぐにでも購入決定をするような方もいる。

展示会出展する企業の立場から考えれば、そのような見込客ばかりを捕まえたい、という気持ちはよくわかる。

すぐに売上につながる可能性が高いからだ。

営業マンにとっても、営業数字を背負わされているのであれば、そのような見込客しか眼中にないのもよくわかる。

しかし、来場者視点から考えれば、そのような方ばかりではないこともわかるはずである。

例えば、商材単価が高額な場合、その金額にもよるが、次年度の予算のタイミングで購入しようと考える会社もある。

展示会来場者として、ある企業の担当者が１つの商材を見つけ、情報を持ち帰り、上司や決裁者と相談する。

そして、予算や実行タイミング、また同じような商材の情報収集を経て、ようやく決裁となり、購入に至る。

このように、ＢｔｏＢの場合、組織で動いているので、意思決定までに時間がかかることが多い。

または、情報収集の目的で展示会に訪れていて、そのときには必要性を感じなかったのだが、しばらく経ってから必要性が出てきて購入に至るケースもある。

そのため、こちら側の都合だけですぐに購入に結びつくわけではないことを覚えておいてほしい。

そのような「今すぐ客」ではないお客様を、「そのうち客（そのうち購入する可能性のある客）」と呼ぶ。

この「そのうち客」に対してこそ、その商材を必要とするタイミングで自社に声がかかるように、継続的なフォローをすることが大切なのだ。

集客導線を強化せよ

では具体的にどのようなことを考えていけばよいのだろうか。

例えば、最低限、メールマガジンを定期的に発行する。

自社にマーケティング担当者などがいる場合には、専属でメールマガジンの発行を担ってもらうこともできる。

しかし、多くの中小企業はマーケティング担当者がいないので、営業マンに持ち回りで書かせることを勧めている。

１人ひとりに無理のない範囲で書かせることが、メールマガジンを継続する秘訣である。

そして、毎年出展する展示会や、何かトピックスがある場合には、郵送によるＤＭ（ダイレクトメール）を発行するのもよい。

いずれにせよ、こうして見込客と継続的に、そして長期にわたってコミュニケーションし続けるための仕組みを企業内で考え、計画的に実行していく。

そうすれば、やったりやらなかったりすることも減るし、せっかく始めたのに、続かないということも防げる。

このように考えていけば、展示会出展して、すぐに売上につながるような成果が出なかった、と嘆くのが、あまりにも早計であることに気づくだろう。

すぐに売上にしたい気持ちはよくわかるのだが、前述したように、相手側の購入タイミングがあることを理解する必要があるし、それで「展示会はダメだ」と烙印をすぐに押してしまうことは非常にもったいないことである。

「今すぐ客」に対応しつつも、「そのうち客」をリストとして積み上げていき、フォローを継続的に行うことで、順々に顧客にしていくスタンスを持つことが大切である。

まさに

⑦T：Training Customer（トレーニングカスタマー）顧客の育成

という、顧客育成をしていくことを視点として取り入れるのが重要なのだ。

K社の場合も、もちろんこの継続的なフォローの仕組みをサポートした。

当社では、展示会出展後のフォローにかかわらず、集客導線強化に関するコンサルティングも行う。

集客導線強化とは、集客導線の全体を設計し、1つひとつの施策を深掘りして強化していくことである。

新規見込客の獲得から既存顧客のフォローまでの一連の流れを設計し、顧客のロイヤルティーを高めていく。

プロモーション設計は、いきあたりばったりの施策にならないように考えていくことが大切で、この新規見込客の獲得から既存顧客のフォローまでの一連の流れの設計は、展示会のプロモーションのみならず、とても重要である。

多くの企業のプロモーション施策が、点で実行されている。点で行うと、その場その場の対策となりやすい。

そうではなくて、線で考えるのだ。

もしくは、階段をつくると言ってもよい。

展示会などで一度接触のあったお客様が、成約までの一連の階段を上ってもらえるように、線で考えていく。

そして、成約以降も、いかにしてリピートしてもらうか、これも線で考えていく必要がある。

それらを、１つひとつ積み上げるようにして考えていくことが、売上の積み上げにつながっていくのである。

施策をどうするか、そして、その内容こそが最重要である

K社の場合は、メールマガジンの発行を見直した。

見直した、とあるのは、メールマガジンはすでに発行していたのだが、内容がよくなかった。

メールマガジンは、商品やサービス、事業、または展示会などの開催をお伝えするツールではある。

しかし、内容そのものがいつも自社の案内ばかりになると、また売り込みか、となって、あまり読まれなくなってしまう。

そうではなくて、読み手にとっての役に立つ情報を発信していくことが重要になる。

その中で、適時、商品やサービスなどを案内していくことで、相手方の購入タイミングを計っていくことが重要だ。

メールマガジンは、基本的には一方通行のツールではあるのだが、あくまでもコミュニケーションの手段ととらえれば、送信先のお客様と直接やりとりしないまでも、相手が聞きたい情報を投げかけることが大切である。

そして、Ｋ社においては、展示会も含めたイベントがある際には、見込度の高いお客様に対して、郵送ＤＭ（ダイレクトメール）を送るなどして、直接的に働きかけることも行った。

メールマガジンの場合、届いても開封せずにスルーされてしまうことがある。

一方で、郵送ＤＭの場合は、個人の手元に実物として届くので、開封率は高まる。

もちろんメールマガジンに比べれば、コストは格段に上がる。

それでも手元に残るツールというのは、相手の記憶に残りやすい。

ただし、この郵送ＤＭも、メールマガジンと同じく内容そのものが大切だ。

商品や展示会の案内のみだけでは、ただの売り込みにしか感じられない。

相手にとって、役に立つ情報が書かれていることで、その企業の展示会ブースに立ち寄ってみようと思ってくれる。

こうした1つひとつの取り組みが、顧客との密接なコミュニケーションにつなげていく上で、重要なのだ。

繰り返しになるが、メールマガジンでも郵送DMでも、内容が重要である。

自社が発信すべき内容は、顧客が読みたくなるものなのか、よくよく考えなければ、即ゴミ箱行きであることを肝に銘じてほしい。

お客様に対して、○○的な立場を確立せよ

K社では、これらのメールマガジンや郵送DMのみならず、リアルなコミュニケーションにおけるフォローのサポートも行った。

その1つがセミナー開催である。

セミナーというプロモーション手段は、企業が扱う商材によって、有効に働くかどうかは違う。

例えば、顧客ニーズが潜在的なものであったり、世の中でこれから必要されていくような新しい商材、または競合商品がたくさんあり、どれを選んでよいか、わからないものなど、情報提供することが顧客の理解を促し、成約に至る導線をつくれる場合は、有効だ。

セミナー開催にあたっては、自社で開催するものと、地方自治体などの公共機関や団体などが主催する講演などに、講師として呼ばれて登壇するものとがある。

K社では、そのどちらについてもセミナーを行った。

セミナーを行うといっても、単にこちら側が伝えたいことをまとめて、伝えればよいというものではない。

どういう順番で何を伝えていくのか、またセミナーへの参加者が何を聞きたいのか、このことがわかった上で、セミナー設計を行っていく。

特に、顧客教育という観点で、情報提供を行っていくことが大切である。

そうすることで、単に、一業者が商品を卸していくという立ち位置ではなく、貴重な情報を教えてくれる「先生」的な立場として、お客様に認識してもらうようにすることが、結果として商品の受注にもつながるのだ。

またセミナー設計と同様、商談時に営業マンがお客様へしっかりと理解納得を促す上でのプレゼンテーションが重要で、K社においても、その際の提案資料を見直した。

これまでの提案資料は、どちらかというと商品案内に終始しており、商品の仕様や機能などが掲載されているだけで、具体的に何がどういいのか、これを使えば、どのようなメリットが得られるのかが、記載されていなかった。

これらのことも、お客様が理解しやすいように整理し、提案資料として作成することで、商談の成功率を格段に高めることができた。

セミナー設計にせよ、提案資料にせよ、やはり内容そのものを突き詰めていくことが大切であることは、言うまでもない。

いかがだろうか。

再現性の高い展示会出展ノウハウを習得しよう

第4章から第5章を読んでみると、展示会出展までの道のりがずいぶんと遠いものだと感じた方もいるだろう。

しかし、非常に細かいノウハウの積み上げの上に、展示会出展が成り立っていることを認識してほしい。

また、本ノウハウは、他の展示会出展でも使い回しのきく再現性のあるプロモーション手法でもあるため、1回習得して勘所やコツをつかんでしまえば、成果につながる可能性は格段に高まる。

実際に、当社のノウハウを活用している企業は、次々に展示会に出展し、どんどん顧客を獲得している。

ぜひあなたの会社でも、これまで同様、漫然と出展するのか、それとも、しっかりと成果につなげ、社員と成果を分かちあえるように準備していくのか、今一度、検討してほしい。

企業は、少なくないお金と、人出をかけて出展している。

そのためにも何らかの成果につながる出展にならないといけないはずである。

しかし、残念ながら多くの企業が、たいした準備もせずに展示会に出展している。

それで儲かるのは、展示会の主催者だけである。

ただ展示会の主催者からしたって、出展企業が儲からなければ、企業は、出展自体を敬遠するようになる。

それでは、展示会そのもののプロモーション手法だって廃れていき、展示会主催者にとっても、よいはずがない。

リアルで面談できる場というのは、ネット社会になったからこそ、より貴重になっている。

人の息づかい、表情、雰囲気などリアルでしか伝わらないものが、確かにそこにある。

展示会出展は、手応えがすぐにわかり、うまくいけば楽しくなるし、うまくいかなければ辛いものである。

ただ、着実に準備すれば、かなりの確率で成果につながる手法でもある。

そして、周りの競合の多くが、たいした準備もしていないし、そもそも展示会に出展するためのノウハウも知らない。

そのノウハウを早く知り、先んじて手掛ければ、一歩抜きん出ることができる。

このノウハウこそ、第4章～第5章で紹介した「マグネット展示会営業戦略」である。
これを知っているか知らないかで、成果が大きく変わってしまうのだ。

取り返しの付かない最悪なこと

来場者との接点を最大化させていくために、展示会出展準備の段階から、あらゆる限りの仕掛けを考えていくことは、展示会出展成功への大きな道である。
その道のプロセスこそ、まさに「マグネット展示会営業戦略」なのである。

ここで改めて、「MAAGNET」の7つの要素をご確認いただきたい。

①M：Main Product（メインプロダクト）展示会で訴求するメイン商品
②A：Action Plan（アクションプラン）展示会企画書の作成
③A：Attractive（アトラクティブ）展示会の魅力的な訴求方法
④G：Good Experience（グッドエクスペリエンス）展示会での顧客体験

⑤N：New Prospect Tool（ニュープロスペクトツール）新規見込客用ツール
⑥E：Entry Profile（エントリープロファイル）見込客情報の登録
⑦T：Training Customer（トレーニングカスタマー）顧客の育成

この7つの要素のうち、やはり一番重要なのが、
①M：Main Product（メインプロダクト）展示会で訴求するメイン商品
である。

この1つめのメインプロダクトが崩れると、どれだけ②～⑦の要素を積み上げても、残念ながら効果は上がらない。

つまりこのメインプロダクトこそ、自社の看板商品、看板サービス、看板技術、看板事業であり、これまでもお伝えしているカテゴリーキラー＝「競合他社を圧倒する差別化された強い商品・サービス・事業」として、成り立っているかどうかが大切である。

このメインプロダクトがカテゴリーキラーになっていなければ、本来、展示会企画書も内容を突き詰められないし、魅力的な展示会ブースもできあがらない。

顧客体験もずれたものになれば、新規見込客用ツールも、見込客に伝わるものにはならない。

その結果、名刺交換も進まず、見込客情報の登録もできなければ、顧客の育成につなげるリストが手元に残らないため、成約にもつながらない。

展示会に来場者は何のためにくるのか、を考えれば、このメインプロダクトが最重要であることは自明の理である。

それは、来場者にとって役に立つものがほしいからである。

肝心なメインプロダクトがしっかりとしたものでなければ、どんなに展示会のテクニックを駆使して名刺交換できたとしても、成約にはつながらないだろう。

そして、成約につながらなければ、お金と時間と社員のモチベーションを失わせることを、経営者はよくよく理解しておく必要がある。

さらに、残念なお知らせが1つある。

もし仮に、中途半端なメインプロダクトで出展して、仮に名刺交換できたとしよう。

その企業に展示会終了後、営業マンがアプローチしたとして、一回、メインプロダクトが役に立たないものだと判断されてしまったとしたら、その企業に改めてアプローチすることは困難になる。

それは、役に立たない企業というレッテルを貼られてしまうからである。

そのような取り返しが付かなくなる前に、まずは自社のメインプロダクトをどうしたら「カテゴリーキラー」にできるのか、これを機会に真剣に考えてほしい。

「戦略」なき組織に成長はなし

K社の成果については、第1章にも書いたが、この「マグネット展示会営業戦略」を実行した結果、展示会会期の4日間で、獲得名刺数は400枚を超えた。

以前、K社が自社だけで準備した展示会では、数枚足らずだったことを考えると、驚くほどの違いである。

その後、K社は、その展示会開催から2年後、展示会で手に入れた名刺400枚の見込客のうち、およそ10％の40件が顧客となった。

１年目から、数千万円の売上が立ち、前年の10倍どころか、それ以上の満足できる結果につながった。

展示会が終了し、しばらくしてからK社長と会い、その後の取り組み状況などを聞く機会があった。

「展示会に向けた指導については、まことにありがとうございました。おかげさまで、しっかりと売上もついてきて、とても満足できる結果になりました。展示会後、若手の社員が中心となって、顧客フォローに忙しく動き回っています」

と話してくれた。

K社では、これまで知り合いを通じて、一生懸命売り込みを行ってきたのだが、展示会で引き合いがあってから営業にいくほうが、商談をスムーズに進めることができているとのことだった。

また、一緒に作成した提案資料なども有効に活用でき、商談も進めやすくなっているとのことである。

「何よりも、若手社員がイキイキとしてきたのがよかったです。これまで社内では、動け動け、と頭ごなしに指示してきました。しかし、何をどう動いたらよいのか、具体的な指示もないまま、やらせてきてしまったことを痛感しています」

とも話してくれた。

既存事業であれば、ある程度やることも見えているので、社員も動きやすい。しかし、新規事業の場合は、何から手を付けさせたらいいのか、実は経営者や幹部も、しっかりとわかっていないことが多い。

つまり、そこには新規事業を進めていく上での「戦略」がないことが問題なのである。そのため、手当たり次第やれることを考えて、社員にやらせるものの、かつてのように、ただ指示を出しただけでは社員は動いてくれない。

特に今どき、社員が若ければ若いほど、やるべきことを理解して、腑に落ちたり、ある程度、納得感がないと、たとえ動いてくれたとしても、前向きには取り組んでくれないのである。

「今回の先生の指導がよかったのは、誰にどんな価値を提供するのか、から始まり、何をどのような順番で進めていくべきなのか、具体的な手順を示しながらも、一緒に若手社員にも考えさせることで、彼らが納得した上で、行動につながっていることですね。

　正直、私がお客様のところに営業してしまえば、ある程度、成約まで持っていけるんです。ただ、それでは組織は成長していけません。やはり社員の成長があって、組織も成長しますし、結果として、売上にもつながっていきます」

「戦略」というものの必要性と、社長自身が「戦略」をしっかりと考えて、社員に伝えなければ、特に新規事業の場合はうまくいかないことを、このK社長は十分に理解してくれた。

　また、K社の既存事業の社員からの見る目も、少しずつ変わってきたようだった。

　これまではどこか他人事というか、むしろ厄介もの扱いのように、新規事業やそれに携わる若手社員を見ていたのだが、最近では、若手社員に「頑張ってるね」と声をかけているとのことだった。

　もちろん、これまでも若手社員は頑張ってきたのである。

　しかし、やはり成果を示さないと、何やってるの？　と思われてしまい、その頑張りも認められないことが多い。

そして、最後にK社長は、

「新規事業をやろうと言い出した私自身の正しさの証明ができたというか……、社長としては社員に対して毅然としてはいますが、内心はやはり不安との戦いというか、社員からの信頼を失う怖さというのか、そういったものと何年も向き合ってきたので、正直、成果につながってホッとしているんですよ。

来年、そして、その翌年も、今回学んだ、『マグネット展示会営業戦略』を軸に組み立てて、展示会には出続けてまいります。また相談に乗ってください。引き続きよろしくお願いいたします」

と話してくれた。

当たり前のことだが、どんなことを実行しようと最終的には社長の経営責任になる。

新規事業を社員に任せて失敗しようがうまくいこうが、それも社長の経営責任である。うまくいけば社員の手柄とし、失敗すれば社長の責任とする、そんな心構えが、社長としてのあるべき姿である。

もちろん失敗の確率をゼロにすることはできないが、成功確率を高めていくことはできる。

それが、「戦略」である。

経営者の仕事は「戦略」づくり

「戦略」とは、読んで字のごとく、「戦うことを略すること」である。

そして、「戦うことを略すること」の意味とは、できれば無駄に競合と戦わずに、自社の経営資源を浪費しないことである。

ここで言う経営資源とは、いわゆるヒト、モノ、カネであり、さらに言えば、トキという時間も貴重な経営資源である。

例えば、カネという経営資源で考えると、無駄な投資をしないことも考えられるが、一方で価格競争も、粗利益を削るといったカネの消耗である。

価格競争に陥らないためにも、しっかりと競合他社との差別化を考えていかなければいけない。

差別化を考えるということは、当社で言うところの「カテゴリーキラー＝競合他社を圧倒する差別化された強い商品・サービス・事業」を持つことである。

このように考えると、少しでも売上や利益を上げていきたいと考えている経営者にとって、差別化を踏まえた「戦略」づくりを行うことは必須事項だろう。

「戦略」を考えずに物事を進めてしまうのか、考えてから進めるのか、どちらが成功確率を高められるかは歴然としている。

社長が「戦略」を組み立てることができることで、K社に見てきたように、組織もまた飛躍的な成長を遂げる。

「戦略」にしっかりと向き合うのか、それとも、これまで同様の取り組みのまま時を過ごしていくのか、これを機会にしっかりと考えてほしい。

さて、最後の第6章は「展示会出展から驚くほどの事業拡大を目指そう！」と題した。さらなる事業拡大に向けて何に取り組むべきかについてお伝えしていこう。

第6章　展示会出展から驚くほどの事業拡大を目指そう！

展示会出展を軸に事業を成長させよう

ＢｔｏＢ（Business to Business：会社対会社取引）を行うビジネスにおいて、いかにして顧客獲得を進めるか、そして、法人企業への営業をどのようにして行っていくか、どのプロモーション手法に力を入れていくべきか、迷うことがあるだろう。

あるいは、新規顧客の獲得や販路開拓の経験があまりなく、何から手を付けていくべきか、わからない方もいるだろう。

そのような場合、まず展示会出展に力を入れていくことをおすすめしている。

経営者であれば、一度は来場者の立場として、展示会に赴いたことはあるだろう。

そのため、展示会がどのようなものなのかをイメージすることができる。

そして、イメージできるものは、物事を進めやすい。

また、手応えも感じやすく、長期的なフォローが必要ではあるものの、少なくとも、名刺獲得枚数などの成果という答えも出しやすい。

展示会出展という古くからある、アナログ的なプロモーション手法でありながら、プル型での、顧客とのリアルな対面という機会を創出できる、貴重な手法の1つである。

※「プル型」とは、広告などで認知を獲得し、顧客からの問い合わせにつなげる受動的な手法。対して「プッシュ型」は、テレアポや飛び込み営業などで、積極的に顧客との接点をつくり出す手法のこと

一方で、ウェブプロモーションは、今や当たり前のように実施している企業もあると思う。

しかし成果につなげていくためには、経営者自身がそれなりにウェブプロモーションに対する理解があることや、もしくは、ウェブプロモーションを実践する、かなり腕のよい企業とパートナーにならなければ、なかなか成果に結びつきづらい。

そして、何よりも顧客の顔が見えないため、実践している感触が数値のみとなり、顧客の温度感を掴みづらい。

その点、展示会出展は、顧客とのリアルな対面ができることで、自社の商品やサービス、

事業に対する反応がわかりやすく、興味の程度も掴みやすい。
そのため経営者にとって、顧客の反応という感触を体感できるため、自社の商品やサービス、事業がイケそうかどうかがわかる貴重な機会でもあるのだ。

チャンスがあれば、どんどん展示会に出展しよう

展示会出展をプロモーションとして活用していくということは、何も一度出展して、また次の年の同じ展示会を待って出展するだけではない。同じ業界の展示会には、どんどん出展して、顧客獲得機会をつくっていくことができるのだ。

第3章でも展示会のいくつかの類型をお伝えしたが、例えば、食品メーカーであれば、食品出展社が集う展示会は、FOODEX JAPANなどを始めとして様々あるし、精密機械や電子部品などの展示会も、色々な展示会主催者が開催している。

そして、東京ビッグサイトや幕張メッセなどの大型の展示会のみならず、各地域で開催している展示会もある。

東京ビッグサイトや幕張メッセなどの大型の展示会と同じ展示会を、名古屋や大阪、福岡などで、地域を変えて開催しているケースもある。

また、その地域でしか行われない展示会、例えば、製造業メーカーの集う横浜テクニカルショーなどは、横浜周辺地域の製造業に特化した展示会と言えるだろう。

この地域に特化した展示会は、東京ビッグサイトや幕張メッセなどの大型の展示会と違って規模も小さいため、たいがい出展費用が安く済み、手始めに出るにはよいだろう。

あるいは、ニッチな業界に特化したものもあるだろう。

決して来場者数は多くないものの、ニーズの深さと強さがあれば、少ない見込客の中から大きな売上につながる可能性もある。

さらに、日本の展示会のみならず、海外の展示会もある。

当社のあるお客様も、海外の展示会に出展し、果敢に挑戦している。

日本の中小企業では、まだまだ少ないが、日本の市場が小さくなっていくことを考えれば、今後は打って出る必要性も増えていくだろう。

いずれにせよ、適切な展示会に出展すれば、そこには少なからず自社の商品やサービス、事業を必要とする顧客に出会うことができる。

この顧客創出機会をどれだけつくっていけるか、この仕組みづくりを考えていくことこそ、売上確保という企業の生命線を握る、経営者の一番の仕事である。

新製品や新サービスのお披露目舞台としての展示会

どんどん展示会に出展していくことは、顧客創出機会をつくることだとお伝えしたが、注意も必要である。

もし、ある展示会とは別の展示会に出展する場合、たとえ業界が同じであっても、ターゲットやニーズが違う来場者が来ていれば、改めてターゲットやニーズを踏まえて、出展コンセプトを考える必要がある。

もちろん、似たようなニーズを持つターゲットがくる展示会であれば、前回の展示会において成果が出ていれば、展示会ブースは使い回しも可能である。

当社のある顧客は、色々な業界で汎用性が高い製品を扱っており、似たようなニーズを持った開発担当者が訪れることがわかったため、同じ出展コンセプトで、毎月のように様々な展示会に出展していたケースがある。

ただ毎月の出展は、出展準備の負担も大きいため、さすがにその企業は、展示会の専任担当者を置いて展示会を回していたが、それだけ見込客をつかめるということである。

また、同じ商品やサービスを用いて、様々な展示会へ出展し続けることもできるが、新製品や新サービスを開発した際には、そのお披露目の舞台として、展示会を活用するのも得策である。

せっかく新製品や新サービスを開発しても、顧客への認知活動を積極的に行わず、ただ会社で指をくわえて待っていても、お客様は向こうからやってては来ない。

もちろん、展示会以外にも認知活動のプロモーション手法はあるが、せっかくなら顧客に見てもらって、反応をリアルに確かめていくことをしやすいのが、展示会というわけである。

ただ繰り返しになるのだが、第4章～第5章でもお伝えしたように、新製品や新サービス、あるいは既存の商品やサービス、事業においても、やはり「マグネット展示会営業戦略」のうち、「ＭＡＧＮＥＴ」の最初のＭである、メインプロダクトが崩れていては、どんな展示会に出展したとしても、効果は出ない。

そのことは、お金と時間が無駄になるばかりでなく、むしろ展示会で中途半端に認知した見込客から負のレッテルを貼られてしまい、２度と接触できなくなる可能性があることには注意してほしい。

「カテゴリーキラー」から「カテゴリーブランド」への成長

新製品や新サービスなどを開発していき、どんどん展示会に出展していくことで、目指していきたいのは、カテゴリーキラーからカテゴリーブランドとしての認知を、業界や顧客から獲得していくことである。

「カテゴリーキラー」とは、再三お伝えしているように、「競合他社を圧倒する差別化された強い商品・サービス・事業」と定義づけている。

つまり、自社を代表する看板商品や看板サービス、看板技術、看板事業を、「カテゴリーキラー」と呼ぶ。

カテゴリーキラーを生み出したら、次にやらなければいけないことは、そのカテゴリーキラーを中心として派生する商品、サービスを連続的に生み出していくことである。

これを繰り返してカテゴリーキラーは、「カテゴリーブランド」へと成長していく。

この「カテゴリーブランド」とは、「一定の商品群・品揃えをもち、１つのカテゴリーとして認識されるブランド」と定義している。

例えば、このカテゴリーではこの会社が有名とか、あのジャンルはあの会社が強い、といったイメージをもつことがあるだろう。

身近な例であれば、ペットボトルのお茶といえば、どこのブランドや会社が思い浮かぶだろうか。

だいたいは、伊藤園の「お〜いお茶」を思い浮かべることが多いのではないか。

そしてこの伊藤園の「お～いお茶」はシリーズとして、「お～いお茶 濃い茶」、「お～いお茶 ほうじ茶」、「お～いお茶 玄米茶」、「お～いお茶 〇やか（まろやか）」、「お～いお茶 カテキン緑茶」、「お抹茶入り お～いお茶」、「お～いお茶 カフェインゼロ」、「お～いお茶 お抹茶」など、様々な商品を生み出して、ペットボトルのお茶といえば、「お～いお茶」という「カテゴリーブランド」をつくり上げている。

また、自動車工場などの製造業分野における産業用ロボット（多関節型ロボット）で有名な会社といえば、ファナックである。

ファナックのサイトを見ると、用途に応じて「協働ロボット」、「スカラロボット」、「パラレルリンクロボット」、「アーク溶接ロボット」、「小型・中型ロボット」、「大型ロボット」、「大型物流ロボット」、「塗装ロボット」などがある。

まさに、自動車工場などの製造業分野における、産業用ロボットの「カテゴリーブランド」を形成している。

中小企業の場合は、小さい分野、カテゴリー、ジャンルでよいので、その中で、「カテゴリーキラー」を生み出し、「カテゴリーブランド」になっていくことである。

大企業にとっては小さい市場だが、自社にとっては魅力ある市場、そして、自社の強みが活きる市場を選んでいく。

そんな都合のいい市場は、もちろん簡単に見つからないかもしれない。

しかし、同質化による価格競争を避け、高収益型の事業構造に変えていくのであれば、市場選定は経営者の重要な意思決定である。

当社のコンサルティングでも、市場選定や、また何をカテゴリーキラーにしていくのか、そのテーマ設定は1社1社個別に、慎重に考えていく。

どれほど魅力的で儲かりそうな市場でも、大手企業が参入し、あっという間に駆逐されてしまうケースもある。

または、確かにニッチなんだけれども、市場が小さすぎて、見込客がほとんどいなかった、という市場もある。

この塩梅を経営者が考えていくことも重要で、このテーマ設定に失敗してしまうと、成果に時間がかかるばかりでなく、何年たっても、まったく成果につながらない可能性もあるので、注意深く検討してほしい。

何を売るかではなく、なぜ売るか

そして、テーマの設定以上に大切なことが、ある。
それは、何を売るか、でもなく、どう売るか、でもなく、なぜ売るか、である。
自社の商品やサービス、技術、事業を、なぜ売るのか。

もちろん、顧客獲得をするため、自社の売上を上げるため、でもあるのだが、一方で、自社の商品やサービス、技術、事業を通じて、社会にどのように貢献していきたいのか、いったい、我々は何のお役に立てているのか、そして、どのような社会にしていきたいのか、という、なぜ売るのか、である。

それを、志や使命、ミッション、ビジョン、理念など色々な呼び名はあり、昨今ではパーパスとも呼ばれるのだが、当社では、このことを一言で「想い」と呼んでいる。

果たして展示会のスタッフは、この「想い」を持って、来場者に接客できているのだろうか。

来場者を、営業数字のように見てしまっていないだろうか。

名刺には、有名な企業名が書いてあり、決裁者のような肩書きも書いてある。

「この来場者を獲得できれば、売上が上がる」と思ってしまうと、なんとか売り込もうとして、接客に力が入ってしまうかもしれない。

しかし、そのような姿勢は簡単に見透かされてしまう。

そうなると、その来場者は引き気味に、逃げるようにして展示会ブースから退出してしまう。

スタッフは、「想い」を持って接客することで、売り込みではなく、どうしたら、来場者の問題解決のサポートができるか、というスタンスで対応できるようになる。

このスタンスや姿勢が、来場者には自然と伝わり、安心して相談できるような展示会ブースの場となる。

「売らんかな」と待ち構えている展示会ブースと、「あなたのお役に立ちたい」と考えている展示会ブースと、来場者はどちらに寄りたくなるのだろうか。

答えは明白である。

当社では、この「想い」というものを重要視している。

この「想い」こそが、商品やサービス、事業が成功するまで、やりきれるかどうかの、生命線になるからでもある。

改めて、あなたの会社は、「なぜ売るのか」、「どんな想い」で事業を行うのかについて、考えていただきたい。

ミスターマーケティングの「想い」

さて、当社の「想い」を最後にお伝えしていきたいと思う。

当社のビジョンは、

「日本の中小企業はマーケティングが強いと世界から評価される時代をつくる」を掲げている。

この意味合いは、日本は世界から「技術で勝って事業で負ける」と言われていることを危惧していることから、考えられたものである。

大企業も含めて多くの中小企業が、中身のよい商品、サービス、技術、事業があっても、戦略視点がないあまり、事業が立ちゆかないことを、これまでも数多く見てきた。

この状況を打開していくためには、日本の中小企業がマーケティングに強くなることである。

そして、世界中で日本の中小企業が活躍する時代を切り開いてほしいと願っている。

また、このビジョンを達成していくために、社会貢献意識の高い「想い」のあふれる企業を、「戦略」面でサポートしていくことを、

「想い」×「戦略」

という言葉でミッションとして掲げ、およそ17年間にわたってコンサルティング活動を行ってきた。

当社が、「想い」のあふれる企業を支援する理由は、マーケティングの本質とは、社会をよりよくしたいという「想い」を実現するための手段と考えているからである。

そして、このミッションを実現させるための具体的なコンサルティング手法として、「カ

テゴリーキラー」づくりの指導を行っている。

さらに、この「カテゴリーキラー」を広めていくプロモーション手法の1つとして、「マグネット展示会営業戦略」を指導している。

予算が限られる中小企業は、まずは、商品、サービス、事業そのものを強くしていく必要がある。

つまり、自社の看板商品、看板サービス、看板技術、看板事業といった「カテゴリーキラー」を持つ必要があるのだ。

それがなければ、他社がすぐに真似できてしまうような一過性の販促や広告宣伝などの売り方に一生懸命取り組んでも、いずれは競合他社と同質化してしまい、価格競争に陥って、利益が出ない状況が続く。

そうして、多くの中小企業が苦境に陥っていく。

そうならないためにも、中小企業は、「カテゴリーキラー」を生み出して、さらに「カテゴリーブランド」として、長期にわたって売上に貢献し、高収益事業構造となる、本質的な成長を目指す必要がある。

何年も悩んできた企業が、驚くほどの成果へ

当社は、第1章で紹介したK社、第2章で紹介したS社、T社を含めて、これまで「マグネット展示会営業戦略」で数多くの中小企業をサポートしてきた。

何年も自社で展示会出展を行ってきたK社の社長は、

「もっと早くミスターマーケティングと出会って、展示会出展のサポートをお願いしたかった。指導していただいたおかげで、儲かるような事業に育ち、かつ社員の成長につながったことが何よりも嬉しい」

と話されていた。

またS社の社長も、

「正直、初めての展示会出展として、とても不安があった。しかし先生からの、当社に合った適切なアドバイスをもとに、社員のみんなで準備を行い、またフォローも頑張った

おかげで、当社にとって、次世代を担う社員の成長も含め、親会社からの信頼も勝ち得て、大きな成果につながったことがとてもよかった」

と話されていた。

さらに、T社の社長は、

「以前、出展した展示会では名刺が集まっても、なんの成果にもつながらなかった。展示会出展そのものが、あまり当社には有効ではないのでは、と思っていたが、じゃあ展示会以外で有効な手立てがあるかと言えば、これといった手法がなく、新規の開拓をどうしたらよいものかと、ずっと悩んでいた。

そんなときに、先生からの指導をいただく機会を得て、展示会に出展しなおしたところ、驚くほどの成果につながった。やはり、自分たちのやり方だけで、ただいたずらに続けているよりも、その道のプロにお願いして指導してもらうことは、成果につながるのがずっと早い、ということを思い知らされたような気がした」

としみじみ語ってくれたのが印象的だった。

これらの会社以外にも、周りの展示会ブースは閑古鳥が鳴いている中で、「マグネット展示会営業戦略」によって、自社の展示会ブースだけがわんさかと人が集まり大成功した企業など、枚挙にいとまがないほど、驚くほどの成果につながっている。

もし何年も展示会出展しても、Ｋ社のように成果につながらない、または、もっと成果につなげたい、もしくは、展示会にこれから出展を計画しているという方は、ぜひ本書の「マグネット展示会営業戦略」の内容を参考にしてほしい。

本気で「10倍儲かる看板商品」をつくって売れるようにしよう

最後になるが、本書で何度もお伝えしてきたように、「マグネット展示会営業戦略」においては、1つめである「メインプロダクト」をどうするのか、つまり「カテゴリーキラー」をどうするのか、はどの企業においても改めて向き合ってほしい。

この1つめが崩れてしまえば、その後の②〜⑦までの要素をいくら組み立てても、成果につながらないので、十分に注意して実践してほしい。

これから生み出す新しい商品、サービス、事業の開発、または今やっている商品やサービス、事業のテコ入れでもいいのだが、ぜひ業界や市場の中で、突出したカテゴリーキラーを生み出してほしい。

カテゴリーキラーを生み出すことができれば、展示会出展うんぬんに関わらず、競合よりも有利にポジションをとって戦うことができる。

当然、売上も上がる。当社もこれまでお手伝いしてきた中で、売上が2倍、3倍、そして10倍に伸びていった例も少なくない。

ぜひ本書を読み終わっただけで終わらせず、今日をきっかけに、ぜひとも今月からでも来月からでも、カテゴリーキラーづくりに早めに取り組んでほしいと思う。

私はむしろカテゴリーキラーづくりに取り組まないことのほうが、経営のリスクになると考えている。

取り組まなければ、いずれは競合と同質化してしまい、価格競争に陥り、どんどんジリ貧になっていく。

今のままで経営していくのか、それとも、次の事業の柱として、自社の屋台骨となるような、新しい売上を生み出す看板商品、看板サービス、看板技術、看板事業となりえる「カテゴリーキラー」を生み出していくのか、これを機会に本気で考えてほしいと思う。

当社では、この展示会の事例も含めてセミナーを定期的に開催しているので、関心がある方は一度参考にしてほしい。

まずは、本書があなたの事業に少しでもお役に立てていることを切に願う。

そして次は、あなたの事業が大きく飛躍していく番である。

我々も、「想い」をもって事業を成長させたいと願っている、意欲的な経営者との出会いを楽しみにしている。

〈株式会社ミスターマーケティングの指導実績例〉

【資材卸売業】地元商圏から全国へ販路を拡大・価格競争から完全脱却で過去最高業績に

【食品製造業】コロナ直撃中に新規販路拡大を推進・1年で年商の5割の新規開拓を実現

【税務会計サービス業】新規顧客獲得数が過去4年間平均数の1・4倍以上に拡大

【業務用モニター製造業】自社開発商品をカテゴリーキラー化し6か月で年商2・5倍増

【家電製造業】グッドデザイン金賞ヒット商品創出。発売後10か月で年商2・5倍増

【機器卸売・設置】カテゴリーキラーサービス開発・市場創造で過去最高売上を達成

【ハウジング系サービス業】不振事業をリブランディングし、前年比売上3倍増達成

【リフォーム業】停滞していた新規事業をテコ入れ・注文殺到の人気事業に転換躍進

【健康食品製造業】既存商品が売上30倍増し3年で年商5億から10億円と2倍に拡大

【金型製造業】自社オリジナル商品がヒットし、受託事業も価格競争の脱却に成功

【鋳物製造業】自社技術をカテゴリーキラー化し販売体制を強化・受注案件5倍増

【雑貨輸入業】大口顧客失注による売上7割減から経営をV字回復させ、黒字化達成

【紙加工製造業】自社商品がＤＩＹホームセンターショー金賞受賞・売上１００倍増

【雑貨製造業】販売不振だった商品が初年度から3万個・2億円超売る話題の商品に

【金融サービス業】カテゴリーキラー化した事業が躍進・過去最高業績を達成

【飲料水製造業】売上2倍増！　デザイン本で紹介されるカテゴリーキラー商品に
【家電製造業】売上不振の調理家電のカテゴリーキラーがヒットし、売上5倍増
【建材製造業】開発した自社商品群が顧客単価1・4倍増、数年で事業売上1・5倍増
【特殊化学品製造業】カテゴリーキラー事業による新規販路開拓で有効案件化率2倍増
【雑貨製造業】新商品開発を機に自社イベント販売体制を強化し、新規客開拓3倍増
【機材卸売業】新規事業のカテゴリーキラー化に成功し、新規集客30倍以上増
【家電製造業】年間数千台の不調商品を10万台超のヒット商品に日経MJ一面掲載
【玩具製造業】新商品開発から展示会出展を行い発売前から予約完売・1年で1万台
【特殊加工品製造業】カテゴリーキラー化で新市場開拓・新規客問い合わせ5倍増
など他多数
※指導実績例のうち、いくつかについては、ミスターマーケティングのウェブサイトにて「お悩み解決事例」として、取り組み内容の詳細を公開している。
(https://www.mr-m.co.jp/category/case-study/)

アンケートプレゼント

本書を最後までお読みいただきまして誠にありがとうございます。
よろしければ、アンケートにご協力をお願いいたします。

アンケートのお礼としまして、「カテゴリーキラーづくり」に関する実践レポートを無料で進呈いたします。

実践レポートは、カテゴリーキラーづくりで成果を上げた企業の実名と具体的な取り組み内容をインタビュー形式でお届けします。本書とあわせてお読みいただくことで、カテゴリーキラーづくりについてより詳しくご理解いただけます。

アンケートにご協力いただける方は、下記のサイトにアクセスのうえご回答をお願いいたします。

https://www.mr-m.co.jp/s21

対象 アンケートの対象は、この本をお読みになられた、経営者の方に限らせていただきます。予めご了承ください。

MR.M
株式会社ミスターマーケティング

定例開催：経営者セミナー

以下のお悩みを持たれる経営者を対象に、
隔月でセミナーを開催しています。

- ☑ 新規の販路開拓を強化したい
- ☑ 厳しい価格競争から脱却したい
- ☑ 独自の市場開拓を成功させたい
- ☑ 差別化できる営業の武器がほしい
- ☑ 既存事業を差別化して成長させたい
- ☑ 新規事業をうまく立ち上げたい
- ☑ ヒット商品を生み出したい　　など

詳細は、下記のサイトをご確認ください。

https://www.mr-m.co.jp/lp/

MR.M
株式会社ミスターマーケティング

著者略歴

村松　勝（むらまつ　まさる）

株式会社ミスターマーケティング　代表取締役　代表コンサルタント。

電通グループ企業にて、大手企業各社のダイレクトマーケティングを経験後、2007 年に株式会社ミスターマーケティングを創業。主に年商数千万円～ 50 億円規模の会社に対して、「カテゴリーキラーづくり」の指導を行っている。過去 17 年間で、300 社を超える指導を行い、新規事業にて数年で 10 億円の売上創出。不調商品を売上 10 倍増へ（３年間で６億円の売上増）、初年度から３万個・２億円以上売れる新商品開発、倒産寸前の工場や店舗の事業再生等の多くの実績を上げている。

吉田　隆太（よしだ　りゅうた）

株式会社ミスターマーケティング　取締役　代表コンサルタント。

株式会社ミスミにて新規事業開発、新商品開発などのマーケティングを手掛ける。

退職後、株式会社ミスターマーケティングに創業メンバーとして参画。

サンダーバードアメリカ国際経営大学院経営学修士（ＭＢＡ）、経済産業省 中小企業診断士。戦略的ポジショニングづくりのスペシャリスト。

著書
『儲かる 10 億円ヒット商品をつくる！カテゴリーキラー戦略』（セルバ出版）
『本当に儲かるスーパーブランディング　自然と顧客が増える「シズル開発法」』（セルバ出版）
『年商 10 億円最速達成の３大ポイント』（セルバ出版）
『小さなメーカーが生き残る経営術　独自市場のつくり方』（セルバ出版）
『中小企業経営者のための「法人営業力」強化戦略』（セルバ出版）

本気の経営者のための――
「10倍儲かる看板商品」が立ち上がるマグネット展示会営業戦略

2024年６月25日　初版発行

著　者　村松　勝　© Masaru Muramatsu
　　　　　吉田　隆太　© Ryuta Yoshida

発行人　森　忠順

発行所　株式会社 セルバ出版
〒 113-0034
東京都文京区湯島 1 丁目 12 番 6 号 高関ビル 5 B
☎ 03（5812）1178　FAX 03（5812）1188
https://seluba.co.jp/

発　売　株式会社 三省堂書店／創英社
〒 101-0051
東京都千代田区神田神保町 1 丁目 1 番地
☎ 03（3291）2295　FAX 03（3292）7687

印刷・製本　株式会社丸井工文社

Printed in JAPAN
ISBN978-4-86367-900-9